Les Chemins de L'Éveil

cartes vibratoires

Dylan Collin

Illustrations de Cameron Gray

Les Chemins de L'Éveil

cartes vibratoires

Livre d'accompagnement

Deuxième édition

ÉDITIONS
EXERGUE
27, rue des Grands-Augustins
75006 Paris

Textes et poèmes : Dylan Collin.
Illustrations de Cameron Gray.
Design et maquette : © Margaux Sourisseau.

ISBN : 978-2-36188-319-5

www.editions-tredaniel.com
info@guytredaniel.fr
www.facebook.com/editions.tredaniel

Découvrez nos formations et nos cours en ligne
sur le site : www.exergue-formation.com

SOMMAIRE

PRÉAMBULE

Je me prénomme Dylan Collin et je suis un accompagnant spirituel, énergéticien et conférencier, qui a décidé de consacrer sa vie aux personnes désireuses d'emprunter *Les Chemins de l'Éveil* (LCE).

« Tout ça », me direz-vous ! Oui, mais chaque pièce a toujours deux faces et cela n'aurait jamais été possible sans toutes les sagesses contenues dans le jeu de cartes LCE, car avant d'être entre vos mains ce dernier fut mon moyen de prendre grâce dans l'incarnation. C'est justement grâce à tout ce que cela m'a apporté qu'aujourd'hui je souhaite le transmettre.

Mon cheminement dans la vie m'a amené sur bien des sentiers rocailleux, où j'ai vécu la peur, l'angoisse, la douleur, la tristesse, la colère, la rancune, la séparation, la trahison, le mensonge, l'injustice, le sentiment d'abandon, le rejet, la manipulation, le manque de confiance, l'autosabotage, le deuil, le syndrome du sauveur… Et puis la fameuse claque qui met plus bas que terre, celle qui dans un premier temps fait renoncer à tout ce que l'on est, puisqu'en tant que grande victime du monde on se dit que c'est nous le problème. J'en viens à un stade de destruction qui m'interroge sur ma nature profonde, une question vient en électrochoc : « Qui suis-je ? »

À cet instant précis, je me trouve face à deux choix : échouer à l'épreuve de l'incarnation en y renonçant ou remonter, transformer ma réalité et me relever en travaillant chaque jour à illuminer mon quotidien ! Aimant la vie, si précieuse et finalement si douce à qui sait l'apprivoiser, le choix fut simple, et voilà que je m'affaire à mon ascension. Tout doucement je reprends la relaxation comme un moyen unique de réveiller mon esprit, puis vient le moment de refaire une méditation et c'est cette journée-là qui change tout, cet instant précis qui vous permet de me lire aujourd'hui. En effet, puisque je venais sans le savoir de répondre à ma question « Qui suis-je ? », soit un homme d'esprit qui se révélait depuis l'âge de 8 ans au travers de la relaxation et d'autres exercices méditatifs, au travers desquels s'était illuminé le sens de ma vie. Je venais de revenir vers moi et ne pouvais alors que me reconnaître et me retrouver.

De cette méditation, comme un retour vers moi qui sépara l'espace et le temps, j'accouche d'un premier enseignement, un des textes qui se trouve dans ces pages. Alors je l'étudie, le travaille, le médite, je le lis et le relis. À chaque fois, cet enseignement me transperce un peu plus, s'intègre à moi et m'invite à conscientiser tellement de choses, me permettant de couper avec mes schémas négatifs. À chaque lecture, ce texte m'inspire et me fait tellement écho qu'il me bouleverse, je comprends petit à petit qu'il est un enseignement universel mais qu'il me permet un cheminement absolument personnel, comme si chaque mot faisait la chimie délicate de se fondre à mon histoire.

Les jours passent et voilà que je vais déjà mieux, je récupère une énergie lumineuse, de celles qui nous font tenir, qui nous éclairent, de celles qui nous bercent dans la sécurité par la certitude que l'on va y arriver. Chaque journée, l'enseignement me faisait évoluer à la conquête de l'allié en moi plus que du saboteur, chaque jour je retrouvais la foi en moi et une énergie nouvelle prenait sa place, celle de l'espoir. À ce stade le texte ne m'apporta plus rien, je le sus en n'y apprenant plus rien, comme un sentiment de tourner en rond, comme une inspiration qui vous quitte, je le sais, je le sens, j'en ai fait le tour ; plus je le vois plus je le ressens, je viens de monter une marche, comme un palier.

Alors je médite à nouveau et voilà un nouvel enseignement qui me réveille de nouvelles prises de conscience et me libère encore un peu plus, et ainsi de suite…

Aujourd'hui, je vous présente, après cinq années, 35 textes soit 35 enseignements tous uniques et complémentaires, que je vous transmets pour vous permettre de guérir de vos blessures et traumatismes, apprendre à cheminer vers vous, avec vous, pour vous et ainsi reprendre le contrôle de vos vies, devenir ce que vous êtes de meilleur et donc l'attirer, pour que vous deveniez enfin le créateur plein de talent que vous êtes, que nous sommes tous. Comme je l'ai fait en mon temps et comme je le fais chaque jour depuis !

Finalement, chaque enseignement nous permet notre propre guidance, ce que j'estime bien plus utile et bénéfique à l'émancipation de l'esprit en toute indépendance (notion qui m'est précieuse) et à l'autonomie. En effet, avec la guidance on n'attend pas la réalisation d'une prédiction passivement mais l'on se laisse guider au cœur de soi, où l'on chemine et travaille activement vers sa propre réponse intérieure, où l'on apprend à résoudre sa problématique, et ainsi l'on se responsabilise dans l'acte de réussir.

Mes facultés médiumniques, ma sensibilité et mes profondes introspections m'ont permis de recevoir intuitivement nombre d'enseignements dont l'étude et la méditation nous accompagnent dans nos processus d'éveil…

De ces enseignements, soit cinq années d'un travail des plus intérieurs, naît ma thérapie alternative d'accompagnement psycho-spirituelle. Je n'aurais jamais cru réussir à créer pareille chose avant, moi Dylan, qui depuis l'enfance était formaté à devoir me conformer, rentrer dans le moule, me résoudre et même me résigner à la riche conscience spirituelle qui s'animait déjà en moi. Ce que j'avais presque fini par faire d'ailleurs, voilà pourquoi j'avais tant éprouvé de souffrances, elles intervenaient à chaque fois que je m'oubliais un peu plus, comme des cris d'alerte de mon âme et de mon cœur, eux qui s'éteignaient à chaque pas fait vers le « commun », le « normal ». Parfois l'on souffre d'abandon car l'on s'abandonne nous-mêmes sans le savoir, or il n'y a pas selon moi pire chose que de faire inconsciemment le deuil de soi. Mais au fond quand j'y pense, je n'aurais su faire autrement, car j'y ai appris la valeur précieuse de ne serait-ce qu'un seul éclat d'amour, une seule fleur sur le béton, celle d'un sourire... grâce au travail mené avec ces écrits.

Pendant que je vous écris ces lignes, je me rappelle, et je m'aperçois à nouveau du chemin que j'ai parcouru grâce à ces enseignements. De tout ce que j'ai rendu possible, de cette créativité qui m'anime ; de cette confiance, de cette foi, de cet espoir qui irradient tout mon être maintenant. Réellement, je ne prétends pas ne plus avoir d'épreuve ni que l'usage de ce jeu vous en protégera, néanmoins je peux l'assurer, il nous permet d'en sortir grandi et, au bout du compte, profondément nous-mêmes et paradoxalement différents. Plus jamais après les épreuves ne seront synonymes de souffrances, pour qui évidemment ne cherche pas à s'y complaire.

Gratitude infinie

Bon, je vous disais tout à l'heure ma fierté d'avoir mis sur pied ma thérapie alternative d'accompagnement psycho-spirituel. Toutefois, le créateur, alors éveillé ou réveillé en moi, s'est aperçu que les textes uniquement n'étaient pas ludiques dans l'approche que je pouvais en faire. Quels écrits ? À quel moment ? Comment en permettre l'approche ? Comment véritablement se les approprier ?

Une idée folle me vint à l'esprit, me lancer dans la création d'un jeu de cartes. Je contacte alors un artiste que j'admire depuis longtemps, Cameron Gray. Un artiste australien unique au monde (dont vous retrouverez le travail sur Parablevision.com), car dans ses œuvres il me semble retrouver l'essence de mes propres écrits. Chaque écrit, si l'on devait le titrer, trouvait sa correspondance dans les œuvres de Cameron Gray. Alors me voilà parti avec Google traduction (eh oui, chacun sa tare), on commence à échanger sur mon projet, mes motivations, etc.

J'avais proposé un rendez-vous au destin car, têtu ou déterminé, je ne souhaitais pas d'autres collaborations, c'était Cameron Gray et un jeu de cartes ou rien. Après quelques semaines, ce fut l'heure du verdict. Cameron accepta la collaboration avec son cœur immense, et ainsi put naître le jeu de cartes LCE. Si ce n'est pas du timing, ça. Mon cœur continuait de s'ouvrir, de vibrer à fond, les récompenses arrivaient dans la matière. C'est à ce stade que je compris que tout le travail, aussi analytique qu'intuitif, mené au travers de la multiplicité des sagesses parcourues dans les enseignements, générant de merveilleuses choses en moi, m'avait aussi permis de voir s'incarner du meilleur dans ma vie. Que, lorsque tout s'aligne en moi, cet alignement, avec un peu de temps, s'accorde aussi dans ma réalité.

« On attire ce que l'on vibre », n'est-ce pas ?!

J'ajouterai : « Et l'on voit s'incarner ce que l'on est ! »

Enfin, le programme et le mécanisme de mon accompagnement étant bouclés, je démarre, et la magie opère instantanément. Cette méthode enchante, les premiers résultats arrivent avec pour ces personnes les premiers changements, ils sont heureux d'avoir accompli tant de choses et ne manquent pas de se remercier, car avec le jeu LCE rien ne se fait sans que vous n'y participiez, il est générateur d'introspection et donc de travail intérieur, non de miracle. En effet, pour que l'on reste indépendant, ce à quoi je tiens, je considère qu'il vaut mieux laisser le miracle nous surprendre que le rechercher ou, pire, l'attendre. Il est très important d'être indépendant afin de conserver notre potentiel créateur, la capacité de faire pour nous, le pouvoir bienveillant d'apprendre pour évoluer, soit nous devons toujours rester libres de pouvoir cheminer.

Ainsi pourrait-on dire que le jeu LCE est un outil qui nous permet de nous aider, nous accompagner, en révélant, réveillant, éveillant l'allié en nous en toute bienveillance, positivité, poésie, autonomie, liberté, indépendance !

Pendant tout ce temps où je m'affaire à vérifier avec réussite que ces enseignements sont bienfaiteurs pour d'autres personnes que moi, un rêve grandit dans mon cœur, être publié, afin d'apporter à un plus grand nombre cet outil de vie, ce guide dans l'incarnation, sous la forme d'un coffret favorisant l'introspection méditative vers la conquête de soi, par l'éveil de l'esprit généré par la prise de conscience.

J'ai le choix, taire ce rêve ou le vivre…

Je fais le choix, au destin d'en décider. Comme pour Cameron, une seule maison d'édition dans ma ligne de mire, les Éditions Guy Trédaniel.

« Le coup de cœur sera-t-il réciproque ? »

Je vous laisse deviner la réponse ainsi que ma gratitude !!

Mon chemin de l'éveil se veut d'aventures, il m'a appris à oser, à laisser de la place et de la voix à mon cœur qui parle de manière plus audible maintenant, ou peut-être que j'ai juste appris à l'écouter davantage.

Quoi qu'il en soit, à l'heure où les pirates criaient « à l'abordage !!! », tout ce que je suis s'exclame : « À l'aventure !!! »

N'oubliez pas, « suivre *Les Chemins de l'Éveil*, c'est conquérir l'existence heureuse qui trône au sommet de cette merveilleuse montagne appelée spiritualité ! »

Suivre les Chemins de l'Éveil, oui mais pourquoi ?

Maintenant, ma présentation non exhaustive étant faite, vous avez je pense compris que le jeu de cartes LCE est un outil ludique qui rentre dans une logique d'accompagnement thérapeutique (alternatif).

Je l'étiquette « psycho-spirituel », puisque sa mécanique repose dans un premier temps sur la considération de la partie psychologie analytique/cognitive en nous, de ses mécanismes à l'œuvre sur tout ce qui concerne la personnalité egotique, ses conditionnements et ses schémas négatifs s'incrustant en nous par l'expérience de la matière et ses limites. En effet, nulle évolution n'est possible sans d'abord défaire tous les murs d'isolement, toutes les excuses et autres défenses que cette part de nous a mis en place pour affronter la vie sans trop oser la vivre, faute de ne pas voir le défi qui se cache dans une épreuve ou tout simplement parce que l'on n'a pas été préparé à la surmonter. Toutefois, cet ego fait partie de nous, il nous est donc nécessaire, ainsi il est question davantage de l'apprivoiser plus que de le supprimer, notre ego est notre allié, surtout lorsqu'il permet la réflexion et donc la compréhension, soit la prise de conscience, la conscientisation, qui le rassurent et le pacifient, nous permettant peu à peu d'accéder à d'autres formes de conscience favorisant la création de schémas plus positifs. Ce que le jeu permet puisqu'il nous permet de prendre conscience de notre problématique et nous invite à l'étude de texte, à la réflexion autour de celle-ci.

Cela étant dit, je n'octroie pas à cette conscience-là le monopole de la gestion émotionnelle, ne la considérant pas comme conscience unique. Je considère davantage que la sphère émotionnelle qui nous compose est rattachée à ce que l'on nomme l'esprit, et qu'elle s'exprime au travers de la conscience egotique, analytique ou encore cognitive mais également aussi, et notamment, par la conscience du cœur (psychologie intuitive), toutes deux considérées comme des parties intégrantes de l'esprit.

Tenter de comprendre et de gérer ses émotions sans même essayer d'apprivoiser son esprit est selon moi une pure folie !

Ainsi et en tant que meilleure passerelle entre le corps et l'esprit, dans un deuxième temps, c'est l'introspection méditative qui caractérise la mécanique plus spirituelle de cet accompagnement. Un moyen de prendre de la hauteur et de canaliser l'ego pour en faire un allié capable d'embrasser notre cœur, moment qui ouvre la porte de tous les possibles mais surtout de l'évolution, comme de passer du noir vers la lumière avec toutes les perspectives que cela éclaire. Ce que le jeu nous permet par le visuel des cartes et la poésie du « verbe », nous berçant dans d'infinies sagesses.

Nous considérant comme l'alliance de matière et de subtil, on pourrait simplifier ce que je détaille ici plus haut en parlant de conscience du corps par nos sens cognitifs, nous permettant d'expérimenter la matière ; et de conscience de l'esprit par nos sens intuitifs, plus subtils, nous permettant le cheminement spirituel. Les deux étant liés dans la logique de l'évolution. Car nous nous entendrons sur un point, nous sommes bien ici pour évoluer.

Pourquoi nous dire tout ça ? En quoi est-ce important ?

C'est important de savoir tout cela pour comprendre la logique avec laquelle opère ce jeu de cartes. Car le coffret LCE est un bijou vers la félicité, dont la clé est justement l'équilibre entre ces deux pôles, comme moyen de guérir et d'évoluer. D'ailleurs lorsqu'il n'est plus, on est trop l'un ou trop l'autre et c'est là que commencent les problèmes, c'est souvent là qu'ils naissent, il faut alors rétablir l'équilibre et pour cela il est essentiel de savoir entre quels extrêmes il se tient. Le jeu LCE est donc vecteur d'équilibre et d'alignement.

Alors, puisque nous sommes capables de rêves et d'analyses, puisque nous sommes conscience neuronale et conscience extraneuronale, doutes et certitudes, cœur et ego, corps et esprit… le meilleur moyen de parvenir à la stabilité et à l'équilibre ne serait-il pas justement de considérer la capacité de l'homme à détenir une psychologie rationnelle/cognitive et intuitive/sensible (de type humaniste, par exemple) ? Dans le cas où vous le croyez comme moi, vous méritez un accompagnement qui conçoit la notion d'être dans sa globalité.

L'efficacité de l'accompagnement LCE passe par l'importance accordée à la prise de conscience permise par la sphère rationnelle, comme moyen premier de se défaire du problème (en considérant que prendre conscience de sa problématique, c'est déjà s'en défaire à moitié) ! Par ailleurs (et c'est là tout l'intérêt), m'étant spécialisé dans les phases d'éveil spirituel, j'ai noté que des prises de conscience répétées et rapprochées favorisent ce que j'appelle la « prise d'éveil » (dont la multiplicité constitue des niveaux d'éveil relatifs aux niveaux de conscience). L'équilibre essentiel à toute guérison se génère alors intrinsèquement avec cette méthode de travail qui, au lieu de favoriser une forme de conscience plutôt qu'une autre, va permettre la mobilité de l'une vers l'autre jusqu'à trouver le point particulier où elles se juxtaposent, nous permettant une ouverture de pensée, de conscience, propice à la réalisation de soi.

Ainsi, au travers des cartes et des écrits, permettant des mots sur les maux, spécialement créés pour favoriser l'introspection dite méditative, le coffret LCE vous accompagnera sur les Chemins de l'Éveil, à la conquête de votre vrai moi intérieur, vers vos guérisons et libérations.

Or, la première des libertés c'est déjà d'être le créateur de sa vie plutôt que d'en être la victime.

En tant que support unique composé de 35 lames, le jeu de cartes LCE vous accompagnera en douceur dans vos processus et phases d'éveil ; sur le fil d'un temps précieux qu'est celui de l'instant, ici et maintenant, par le travail intérieur, le rapport à « soi ».

À chaque carte correspond un enseignement, dont les mots vibrent si particulièrement qu'ils s'adaptent à chacun et résonnent si fort qu'ils mettent en relief tout ce qui est en désaccord.

Dès lors, on a matière à travailler, à s'accorder, s'aider et s'accomplir.

Nous faire travailler en profondeur, balayer le superflu et nous permettre de nous reconnecter à l'essentiel, soit à notre « moi » véritable... Nous apprendre à nous déprogrammer des schémas négatifs et nous permettant la reprogrammation sur des schémas plus positifs, nous accomplissant dans l'équilibre où naît l'accord avec soi, par lequel tout s'aligne et tout se crée...

Les voilà, les grandes ambitions de ces cartes et des enseignements qui s'y rattachent...

Expérimenter les Chemins de l'Éveil, oui mais comment ?

Pour pleinement profiter de toutes les facultés du jeu LCE, je vous invite à prendre le temps de l'utiliser. Il ne saura vous donner de résultats sans rigueur ni patience. En effet, chaque carte et texte nous invitent à un voyage, à un chemin, ce qui demande le temps d'avancer pas à pas.

Je tiens à vous préciser que ce qui suit ne fait office seulement que de suggestions, cela n'est en rien une méthode obligatoire, si votre sensibilité vous invite à procéder autrement, alors faites. Je ne fais que vous livrer mon petit secret d'utilisation. Cela étant dit, continuons.

Commencez déjà par préparer un carnet de notes et bien évidemment un stylo.

Il m'apparaît comme essentiel d'être dans de bonnes conditions avant de travailler avec les cartes LCE, car croyez-moi elles vont éveiller tous vos sens. Ainsi veuillez préférer un endroit calme, à l'abri des nuisances.

Quelques minutes avant d'utiliser les cartes, veillez à poser, à réguler vos énergies en prenant de grandes respirations. Quand vous vous sentez prêt, vous pouvez attraper votre jeu de cartes. Gardez-le quelques instants dans vos mains. Si vous le souhaitez, vous pouvez mélanger le jeu à cette étape (en ce qui me concerne, je le mélange juste avant de le ranger, de cette façon il est prêt pour ma prochaine utilisation et j'ai l'impression qu'ainsi je le remets à zéro, parfois même je ne le mélange pas).

Enfin vient le temps d'étaler les cartes devant vous et de faire un peu de vide intérieur. En ce qui me concerne, j'intentionne toujours la phrase suivante : « Aujourd'hui, juste pour aujourd'hui, afin de m'éveiller, durant ce temps, précieux temps, qu'est l'instant », maintenant vous êtes libre de créer votre intention tout en priorisant l'instant dans celle-ci, vous pouvez aussi ne rien dire et laisser le hasard se transformer en rendez-vous. Piochez donc maintenant une carte, une seule, puis découvrez-la.

À ce stade, ne lisez pas le texte qui lui correspond, concentrez plutôt votre attention sur la carte, comme face à une peinture, et remarquez ce qu'elle vous inspire, ce qu'elle réveille, ce qu'elle fait vibrer en vous (émotions, souvenirs, réflexion, images, sons…), puis notez cela sur votre carnet. Maintenant, découvrez le texte d'un bloc puis notez à nouveau tout ce qui vous vient sur votre carnet. Ces étapes enchaînées sont essentielles, car en réalité elles permettent de vous connecter à vous-même avant de poursuivre, en effet, tout ce qui est perçu à ce moment-là est le reflet d'une part de ce que vous êtes, ainsi les notes récoltées permettent d'identifier l'état d'esprit dans lequel nous nous trouvons et nous révèle la problématique à laquelle nous sommes confrontés.

Vos notes sont-elles positives, négatives ?

Évoquent-elles le passé ou l'avenir ?

Qu'appellent-elles comme émotions ?

Vous positionnent-elles dans la tête ou dans le cœur ?

Selon la carte ou l'enseignement, vos notes sont-elles similaires ou opposées ?

Que venez-vous déjà alors de libérer de préjugés ou d'émotions qui permettent cette différence ?

Tant de détails qui vous définissent dans l'instant, ce qui est nécessaire de conscientiser car souvent, lorsque notre évolution semble être bloquée, ce n'est pas tout qui est à revoir (ce que l'on préfère croire – à tort – puisqu'en effet cela nous donne une excuse pour ne pas nous y mettre, le problème paraissant nous dépasser), mais bien une chose et une seule (comme un rouage défaillant qui crée un engrenage de toute une structure).

Cette première analyse alors permet de poser le doigt « là où ça fait mal », sur la problématique non résolue qui bloque le processus d'évolution. D'ailleurs il est intéressant de remarquer que cette première approche permet une analyse de la situation, notre ego qui aime tant le pragmatique vient de faire son boulot, le voilà rassuré, notre part de conscience plus subtile, intuitive, peut entrer en scène.

À présent, regardez à nouveau votre carte, voilà qu'elle vous communique de nouvelles sensations, prenez le temps de véritablement la parcourir, de vous plonger en elle. De manière plus impersonnelle, laissez venir des messages et sensations que vous prendrez soin de noter, se tiendront déjà dans vos notes de belles sagesses inspirées qui vous éclaireront sur le travail intérieur à mener. Parallèlement, parcourez de nouveau l'enseignement correspondant, un mot, une ligne, un paragraphe ou peut-être l'enseignement lui-même vous inspirera quelques merveilleuses prises de conscience, vous fera vibrer et libérer une émotion négative, prenez note de tout ce qui vous vient. Toutes les notes assemblées vous permettront déjà de voir votre chemin de manière lucide, ouvriront votre perception, engageront des solutions, élargiront votre conscience et les frontières de votre cœur. De plus, à force de tirages, donc d'introspection et d'évolution en degrés spirituels, vous atteindrez des phases d'éveil, lesquelles correspondent à des changements dans la vie comme des métamorphoses ou transformations. Vous les reconnaîtrez, observant alors ce que vous avez conscientisé avec les supports LCE s'incarner dans votre matière, le changement intérieur étant à l'origine du changement extérieur.

Chaque carte et ses enseignements vous accompagneront pendant des jours et parfois même quelques semaines. Je vous invite d'ailleurs à relire votre enseignement du moment tous les soirs, un peu comme se récite un mantra, cela vous connectera à de merveilleuses énergies bienfaisantes, proches de celles qui m'ont inspiré leur écriture.

Alors comment savoir lorsqu'il est temps d'avancer et de passer à un nouveau tirage ?

Eh bien, écoutez-vous, lorsque les supports ne semblent plus vous communiquer quoi que ce soit, alors il y a fort à parier que vous en avez fait le tour et, par ailleurs, vous ressentez un changement en vous et dans votre manière de vivre votre problématique face à laquelle vous devenez plus positif. Avec LCE, faites-vous confiance, car finalement vous êtes au plus proche de vous-même, comme dans vos propres bras, or vous méritez douceur et patience, alors accordez-les-vous.

Dans le cas où vous piochez une carte que vous avez déjà travaillée, permettez-vous, comme je l'ai fait en mon temps, de considérer que vous n'en avez peut-être pas entièrement fait le tour. N'hésitez pas alors à reprendre vos notes, à piocher une deuxième carte et à continuer le travail en ajoutant et juxtaposant votre travail sur les deux cartes concernées.

Rassurez-vous, je vais vous aider un peu en vous livrant avec chaque enseignement ce que ce dernier vous invite à travailler et en vous donnant quelques petits conseils.

Évoluer sur les Chemins de l'Éveil, oui mais uniquement si...

Vous souhaitez accroître vos ressentis et votre sensibilité.

Vous n'avez pas peur des mots et de leurs sens !

Vous êtes désireux de guérir certaines blessures et de gérer vos émotions.

Vous êtes partant pour apprendre à écouter votre cœur et votre esprit.

Vous désirez faire grandir votre être et attirer vers vous ce qui est juste.

Vous êtes d'accord pour travailler, travailler et travailler, sur vous, à vous, par vous !

Vous avez envie de vivre plus en harmonie dans les différentes phases de votre vie, d'évoluer plus en équilibre entre vos pensées et vos sentiments, plus en accord entre votre cœur et votre ego.

Vous vous considérez assez patient pour parvenir à vos fins (car un accompagnement sur les Chemins de l'Éveil n'est pas productif en une seule fois).

Vous voulez apprendre à vous relaxer et à positiver.

Enfin, uniquement si vous faites le choix de l'acceptation, de la satisfaction, du bien-être, du cœur… et, pourquoi pas, même du bonheur ! ?

Dans ce cas, bienvenue !

« À ceux qui parfois
s'oublient et se sont perdus,
Les Chemins de l'Éveil
vous aideront à reprendre la
route,suivez le panneau :
retrouvez-vous ! »

Dylan Collin

梦

1. LE RÊVE

« Vaste est le monde du rêve, frontières
qui affranchissent des interdits...
À tous les combats advient la trêve,
ultime rencontre entre corps et esprit.

Le rêve est un vaste monde,
où parfois le ciel pleure des barrières que l'on érige...
Ce ciel qui pourtant rend d'autrefois la pensée féconde,

à l'heure où le rêve lui-même sait la rendre créatrice.
L'oniriste est un funambule aux souliers d'or,
qui danse l'équilibre juste au-dessus d'un corps qui dort...
Harmonie suprême entre conscience et transparence,

pont de lumière à travers la nuit qui orne l'existence.
Il n'est pas peu fier de nous faire grandir,
quand son acceptation aide à conquérir...
Essentiel, paraît-il, est de prendre le temps de vivre,
vivre pour finalement apprendre à découvrir...

Alors, quoi de mieux qu'un vaste monde...
Ainsi, rêve !

Puisque vaste est le monde du rêve.
Où la pensée devient féconde,
là où au cœur advient la trêve...
Rêvons, tous, à la ronde ! !

Et affranchissons-nous des frontières,
avant que le ciel pleure et que gronde le tonnerre... »

L'enseignement vous invite : à travailler sur le rêve qui secrètement vous anime, qui est à réaliser ou que vous êtes en train de concrétiser. Pour y parvenir, il vous initie à la trêve, comme un silence intérieur, un moyen de faire le point sur vos peurs et de les transformer en motivations. Cet enseignement vous invite à prendre conscience des barrières qui vous empêchent, et à vous apercevoir que finalement, derrière chacune de vos peurs, se cache surtout ce que vous ne vous permettez pas ! Il nous invite à trouver la solution dans l'équilibre qui se dessine entre vos « barrières » et vos « rêves ».

Cet enseignement vous rassure sur votre capacité à conquérir vos objectifs, et l'on y comprend l'importance de ne pas taire son cœur, car c'est à ce moment-là que sinon gronde le tonnerre.

Il y a fort à parier que lorsque vous piochez cette carte, c'est qu'il est temps de passer à une nouvelle étape de votre vie, qu'il est temps de vous écouter et d'agir dans votre intérêt. Combien de temps vous êtes-vous oublié jusqu'à aujourd'hui ?

Le conseil de l'auteur (en plus de votre travail quotidien) : listez tout ce qui vous retient ou vous limite dans l'approche de votre rêve, puis parmi vos notes repérez ce qui n'est réellement qu'une excuse. Seules resteront les choses à travailler, ainsi vous verrez que finalement cela est réellement abordable comme rêve et que vous avez le moyen de l'incarner dans votre vie d'une façon ou d'une autre. Maintenant, listez tout ce que le fait d'intégrer votre rêve dans votre réalité vous apporterait, et par là même remarquez donc tout ce que vous vous refusez à vivre. Peut-être vient le temps d'avoir des objectifs plus que des excuses.

2. LE CŒUR

« Le cœur comme une sage déraison,
Organe qui vibre à la couleur des saisons,
Langage qui fleurit pour exprimer la passion,
Ce cœur qui bat, qui réclame l'attention...

Le cœur comme un être qui s'ignore,
Dont on ne connaît rien,
Qui cherche à cœur perdu dehors
Bien trop souvent le moyen,
Au lieu d'entrevoir les trésors
Qu'il a simplement au creux des mains...

Le cœur, lui, nous anime de poésie,
Tambour résonnant d'une ardente symphonie,
Lui nous fait vivre intensément la vie,
Porte merveilleuse pour la caresse sur l'infini...

Le cœur pour communier avec son âme,
Lumière brûlante repousse l'infâme,
À la dérive des corps perdus,
Il n'est pas de ceux qui n'espèrent plus...

Le cœur est une parole pour dire je t'aime,
Ô grand cœur, ermite es-tu d'être toi-même,
Percussions de joie repoussent la haine,
Lui qui bat le son d'un carpe diem...

Le cœur est une philosophie sacrée,
alors au nom du cœur soyons philosophes
au sacré cœur, face à l'éternité !
Puisque le bonheur n'a que pour seule
frontière, les courbes de notre cœur...
Alors, abattons-les ! »

L'enseignement vous invite : à travailler et cultiver l'ouverture du cœur. Empreint de poésie, il vous invite à en mettre dans votre vie et à adoucir votre être. Il est un voyage pour le connaître et pour le rencontrer, lui « comme un être qui s'ignore ». Cet enseignement vous invite à comprendre que, concernant le cœur, rien de ce dont il a besoin ne doit s'attendre de l'extérieur, que tout commence avec lui à l'intérieur. Il nous offre le cadeau de comprendre à quel point l'amour est la meilleure des protections, lui, ce cœur qui ne demande qu'à se diffuser.

Il y a fort à parier que lorsque vous piochez cette carte, il est temps de le panser, ce cœur un peu trop oublié, de le réparer, ce cœur qui n'a que trop souffert. Et si on lui offrait une nouvelle vie ?

Le conseil de l'auteur (en plus de votre travail quotidien) : par l'inspiration de la carte et de chaque mot de l'enseignement « Le cœur », il est intéressant d'essayer de poser tout ce que cela nous communique au travers d'une forme d'art. L'art est un formidable moyen d'introspection, favorisant l'ouverture du cœur et la libération émotionnelle (peinture, dessin, écriture, chanson, danse…). Si le besoin est, ne pas hésiter à se faire aider par un art-thérapeute. Dans un deuxième temps, je vous invite grandement après chaque lecture de cet enseignement à prendre un miroir, à vous regarder longuement avec bienveillance et à vous dire quand vous le souhaitez : « Je t'aime – je m'aime ! »

3. L'ESPOIR

« L'homme est un corps,
où l'âme tient à la symbolique du cœur.

Une puissance d'amour infini
comme une poudre d'or,
qui protège fragilement face à
l'expérience de la peur.

Une émotion un peu trop vive,
les tissus tremblent...
Une pensée qui soudain nous enivre,
la quiétude en branle...

L'homme est la force de la fragilité,
rien n'est plus simple.
Il rend d'être soi le défi relevé,
nul n'y est plus humble.

C'est par l'égarement de la pomme au rosier ;
que l'homme se méprend, se perd, se pique ;
mais parvient à trouver beautés.

À celui qui ne porte pas les yeux
assez haut, assez loin ;
car il ne sait quelque espoir garder ;
ce qui doit advenir alors advient,
la tige à piqûres n'est plus que roncier.

L'observation trop furtive d'un esprit tourmenté,
le décourage bien avant la cime, le cœur désillusionné !

Dommage car patience trouve toujours richesses cachées...

Il n'existe que des pétales
et mille fragrances au sommet ! »

L'enseignement vous invite : à percevoir les pétales au lieu des épines. Il nous invite à garder l'espoir comme un moyen unique de conquérir le sommet auquel nous finissons tous par arriver. Cet enseignement nous promet fragrances dans l'espoir et nous encourage à nous égarer de la pomme (fruit de tentation) à la rose (symbole ici de la beauté), autrement dit ce qui nous tente en premier car plus facile d'accès n'est pas toujours ce qu'il y a de meilleur pour nous au final.

Il y a fort à parier que lorsque vous piochez cette carte, vous êtes en questionnement concernant votre valeur et ce à quoi vous pouvez prétendre. Peut-être même avez-vous perdu l'espoir. Il est temps de le retrouver.

Le conseil de l'auteur (en plus de votre travail quotidien) : remettre un peu de beauté dans votre vie est ici essentiel. Ainsi, n'hésitez pas à vous programmer par exemple une sortie théâtre ou une soirée jazz, ou que sais-je, pour marquer le coup et vous remplir de beautés. Parallèlement, offrez-vous un rosier et cultivez-le avec amour, prenez-en soin et regardez-le grandir, au fur et à mesure fleurira en vous l'espoir, bien sûr continuez de travailler cet enseignement. Enfin, si vous avez le cœur désillusionné, vous pouvez travailler en juxtaposition la carte 2.

4. LA RÉSILIENCE

« Quand le bonheur lui-même te mène en bateau,
sur un long fleuve tranquille,
bercé de sanglots...

Il te restera une rame pour te guider,
mais plus une seule larme pour savoir aimer...
Quand la chute s'impose,
alors le bonheur explose...

Et si tu t'en sors vivant,
c'est qu'il est encore temps !

La peine durcit les traits,
enclave le cœur mais finit par libérer l'esprit.

L'ultime but d'une épreuve n'est pas de
connaître l'épreuve en elle-même,
mais réside davantage dans la
manière de la surmonter.

Elle ouvre la porte sur un choix à faire
quant à sa considération propre,
bien plus qu'en sa capacité de résister,
face à ce que l'on ne sait pas surmonter.

La résilience s'apprend dans l'épreuve,
nous enseignant plus sur nous-mêmes
qu'une quelconque forme de résistance ! »

L'enseignement vous invite : à vous rendre compte de ce que vous avez déjà surmonté et pourtant vous demeurez bien vivant, alors « c'est qu'il est encore temps » ! Il n'est jamais trop tard pour surmonter une épreuve. Cet enseignement également nous indique qu'il est urgent de réapprendre à aimer et à s'aimer, par ailleurs il accorde une importance capitale au lâcher-prise, il faut alors apprendre à abandonner les résistances.

Il y a fort à parier que lorsque vous piochez cette carte, vous êtes dans l'abandon de vos capacités de résilience et il est temps de retrouver confiance en vous. La tristesse semble avoir pris toute la place, mais votre esprit est grand, rendez-le plus léger et surtout remarquez comme il est libre de ce que vous avez déjà surmonté. Il n'y a jamais de mauvais moment pour briser ses chaînes.

Le conseil de l'auteur (en plus de votre travail quotidien) : listez tout ce que vous avez réussi à surmonter dans le passé. En quoi est-ce différent aujourd'hui ? Pensez-vous être trop fatigué ? Alors, un bon soin énergétique et, hop, cette fois c'est la bonne !

5. LA TRAVERSÉE

« Ferme les yeux et vois l'immensité,
Bouche tes oreilles et écoute la paix,
Clos ta bouche et discute avec l'éternité...
Il y a tant de choses à faire dans
ce monde qui t'appartient,
où les frontières de l'âme ne
gênent pas ton destin !
Ferme les yeux et vois l'éternité,
Bouche tes oreilles et écoute l'immensité,
Clos ta bouche et discute avec la paix...
Il y a tant d'amour à faire sur
cette terre et au lointain,
où les prières nomades n'atteignent
pas le chagrin !
Ferme les yeux et vois la paix,
Bouche tes oreilles et écoute l'éternité,
Clos ta bouche et discute avec l'immensité...
Il y a tant de choses à faire dans
ce monde qui te retient,
où l'espérance fane,
ne gênant pas ton destin ! »

L'enseignement vous invite : à l'introspection avant le grand saut. Il n'est pas sans rappeler les trois singes de la sagesse qui forment une sorte de maxime picturale : « Ne pas voir le mal, ne pas entendre le mal, ne pas dire le mal. » Cet enseignement nous demande du calme et du silence jusqu'au moment d'agir, car les prières parfois ne suffisent pas à transformer le chagrin en joie. Ici, le moment pour agir est très proche et il faudra agir dans la matière directement, car c'est bien l'acte de faire qui est ici dominant face à la prière de l'esprit. Ainsi le temps à prendre n'est pas celui de la réflexion mais celui de l'affirmation de nos certitudes, il est le silence avant la création.

Il y a fort à parier que lorsque vous piochez cette carte, vous êtes au début d'un changement majeur. Cela peut vous faire peur, ou même vous inciter à demander beaucoup d'avis extérieurs qui parfois se confrontent et alors vous perturbent. Préférez le silence et le retour vers vous, dans votre confort intérieur, qui vous permettront d'être pleinement prêt à faire le grand saut.

Le conseil de l'auteur (en plus de votre travail quotidien) : assurez-vous d'avoir pardonné à tous ceux qui vous ont fait du tort avant de changer de cap, d'avoir clôturé tout ce qui appartient au passé, de vous être coupé des liens toxiques.

6. PÉGASE

« Lorsque les chevaux sautent
la première barrière,
ils n'analysent plus mais se laissent
guider par l'entrain,
par la fougue...

Par ce galop incessant qui sommeille en eux,
au plus profond,
à l'origine de leurs muscles saillants,
plus aucun obstacle n'est alors insurmontable.

Les ailes de la liberté s'éploient brillantes,
ce Pégase en eux comme une flamme ardente...

Il s'agirait de s'aider un peu,
de s'exempter.

Les royaumes de l'acceptation sont
comme des graines à semer...

Je suis celui auquel je crois,
l'essentiel étant de croire en moi...

Croire en soi ! »

L'enseignement vous invite : à ne pas trop réfléchir mais à être plus instinctif face à votre problématique. Il suffit de sauter la première barrière, l'adrénaline fera le reste et vous deviendrez votre version 2.0. Déployez donc vos ailes vers la liberté, pour être libre d'incarner qui vous êtes ! L'enseignement vous rappelle l'importance de croire en vous, d'être votre allié plus que votre saboteur, et pour cela, déjà, réellement vous accepter.

Il y a fort à parier que lorsque vous piochez cette carte, vous êtes coincé vis-à-vis d'une décision, comme bloqué mais avec l'intuition profonde d'être à deux pas de la réussite de votre ambition. Laissez donc cet enseignement infuser en vous une énergie nouvelle.

Le conseil de l'auteur (en plus de votre travail quotidien) : opérez une visualisation dans laquelle vous déployez vos ailes et répétez-la régulièrement (n'hésitez pas à vous rapprocher de votre accompagnant mieux-être si cela vous est trop compliqué seul).

Aussi apprenez à vous décharger de ce qui ne vous appartient pas ou ne vous est pas utile (objets, émotions, préjugés, peurs limitantes, rôles, masques…). Faites du tri, aidez-vous et n'ayez pas de mal à vous exempter. Vous pouvez également symboliser l'enseignement par une rencontre avec de vrais chevaux, une balade, ça vous dit ?

L'équithérapie peut vous aider !

7. LA DUALITÉ

« La personnalité est un système complexe
de nonchalance et de volonté.
Entremêlant l'avenir et le passé,
la confiance en soi et celle en l'autre,
la conscience de soi et celle de l'autre...
Les tracas, les questions, les "pourquoi
pas", les "sans façon"...

Qui peut alors bien être cette personne
qui te connaît mieux que personne ?
Ce "toi" inexistant qui te connaît comme personne...
Ton ego te crie "là-bas", ton cœur énigmatique te
dit "non, ailleurs", ton esprit te pointe du doigt.

Pourtant incompris et inconnu au monde,
tu affiches la transparence
et t'affliges de déshérence,
on avorte tes pensées immenses
et on te dessine un avenir rance !
Alors tu veux être parfait,
à la conquête d'une réussite déprogrammée.

Une perfection inaccessible, qui te retranche
dans une quête impossible de modélisme
archétypé, dont seule une personnalité
unique au monde peut te sauver.

Ton ego te crie elle est "là-bas", ton cœur énigmatique te dit "non, elle est ailleurs", ton esprit te pointe du doigt.

Mais la personnalité est un système complexe et il y a toujours une faille dans un système.

Elle se tient en toi et en nul autre. Explore la brèche qui réside là où toute chose se crée. »

L'enseignement vous invite : à prendre conscience de la dualité qui opère actuellement en vous vis-à-vis de votre problématique. De votre cœur ou de votre ego, l'enseignement vous questionne sur lequel est à l'origine de vos pensées. Si c'est l'ego, essayez d'y mettre plus de cœur et vous y verrez plus clair. Il vous invite à trouver la faille comme une brèche qui permettra d'être et de devenir pour pleinement exister, sans faire l'erreur d'en offrir le mérite à quelqu'un d'autre que vous, comme on cherche parfois un sauveur ! Il est question ici de se repositionner en soi, d'écouter votre cœur, allié direct de votre esprit, siège de tout ce qui se crée. Plus encore, cet enseignement vous invite à vous affirmer ainsi qu'à vous autoriser le droit à l'erreur, n'est-ce pas ce qui nous rend humains ?

Il y a fort à parier que lorsque vous piochez cette carte, vous êtes sur le point de passer une phase d'éveil correspondant à un niveau de conscience, dans votre manière de percevoir le monde et d'y exister. Vous êtes en pleine évolution mais avez néanmoins négligé votre bien-être intérieur, vous êtes instable car vous ressentez subtilement le changement qui se prépare.

Le conseil de l'auteur (en plus de votre travail quotidien) : vous êtes déséquilibré et vous pouvez parfois dans certains cas même avoir l'impression de ne pas finir ce que vous commencez, ou avoir la sensation de vous épuiser énergétiquement. Il est alors temps de trouver la faille, la brèche, dans votre cœur, afin de la colmater. Pour cela, choisissez d'abord d'apaiser votre ego qui s'est beaucoup trop dispersé et qui, peu à peu, s'est fait votre ennemi, pour cela il peut être intéressant de vous déprogrammer en faisant sauter les conditionnements liés à votre mode de vie, ces derniers remontant parfois à l'enfance ou même à vos lignées. Parallèlement à un accompagnement sur ces thèmes, veillez à travailler votre alignement et donc votre ancrage. La lecture de cet enseignement tous les jours vous aidera à équilibrer cœur et ego afin d'éveiller votre esprit.

8. L'ACCORD

« Il y a ce que l'on croit être, et ce que
l'on est sans pour autant y croire.

Il est peut-être temps d'oser
s'émanciper, s'accepter, s'aimer ?
Car, qu'on le veuille ou non, il y a de la beauté en
toute chose et il n'est jamais trop tard pour rêver.

Oser conquérir son cœur, oser parcourir
son âme, oser se découvrir soi-même...
Il y a de l'amour partout autour de nous,
il y a du bonheur en ces petits "riens"
qui font nos "touts", il suffit de savoir où
regarder, il suffit d'apprendre à aimer...

Il est peut-être temps de s'apprivoiser,
de se surpasser, d'exister ?
Car, qu'on le comprenne ou non,
il y a du sacré en toute chose,
et il ne sera jamais trop tôt pour espérer.

Briller par son cœur, briller avec son âme,
briller pour soi-même...
Il ne suffit pas de vivre pour exister,
mais d'exister pour pouvoir vivre.

Il ne convient pas de penser pour être,
mais davantage d'être ce pour quoi l'on pense.
Avoir une place pour y trouver un sens,
ou avoir du sens pour se trouver une place ? »

L'enseignement vous invite : à vous permettre et à vous définir, à illuminer le monde et les autres. Il aide à conscientiser que vivre n'est pas une question d'âge, mais d'existence et donc d'être pour une raison avec un sens, afin de prendre sa place.

Cet enseignement indique qu'il est le moment de briller, or il n'est jamais trop tard pour rêver, pour accueillir l'amour partout autour et ainsi réussir à se surpasser ! Le contrôle, le pouvoir bien souvent éteignent la lumière.

Il y a fort à parier que lorsque vous piochez cette carte, vous avez déjà bien cheminé. Toutefois, dans l'instant se tient un défi à relever. Si la route n'est pas claire pour vous à ce stade, regardez ailleurs jusqu'à trouver l'évidence, peut-être ne vous connaissez-vous pas assez bien, mais dans ce cas alors acceptez l'idée que c'est cela le défi. Aussi il y a fort à parier que vous donnez beaucoup d'amour sans forcément accepter le retour et qu'ainsi vous ne vous sentez peut-être pas légitime pour accueillir le meilleur.

Le conseil de l'auteur (en plus de votre travail quotidien) : je vous invite à écrire ce que vous avez envie d'affirmer chez vous et de vous donner quelques petits objectifs en rapport. Soyez votre coach et devenez fier de vous. Puisqu'il est question aussi de place, interrogez-vous, toujours à l'écrit, sur la place que vous occupez actuellement et celle que vous souhaitez prendre, alors travaillez déjà à percevoir ce qui vous limite dans la place dont vous ne voulez plus pour, peu à peu, vous installer dans celle qui est vraiment la vôtre.

9. L'ÉVEIL

« Votre chemin de vie ne m'intéresse pas...
Je le trouve pauvre et cruel !
Moi je veux croire aux vœux, aux
prières, je veux croire aux rêves...
L'humanité a besoin de conteurs d'histoires,
nos vies ont soif de mystères !

Apprenons à nous réjouir du jour qui
se lève et de la nuit qui tombe.
La belle danse des astres est devenue banale,
alors qu'elle est miracle ancestral.

Oui ! On banalise toutes les beautés
qui ornent le parcours d'une vie,
après avoir troqué le légendaire pour la science,
avant d'anéantir le sacré de la
vie au nom de l'existence,
mais pour vivre quelle existence !

Mais moi je veux vivre, marcher,
fouler, courir sur cette planète
qui m'ensorcelle chaque fois que je pense à elle.

Nous devrions tous apprendre à
apprivoiser plutôt qu'à posséder !

On a permis la connexion “sans
fil” entre nos appareils,
qui nous poursuivent et nous assistent,
pourtant nous semblons être
incapables de bâtir des ponts
entre nous et la merveille qu’est autrui.

Se laisser prendre au jeu d’une existence
sans attraits ne m’intéresse pas,
moi je veux pouvoir être au contact de
tout, pour un petit bout de rien.

Vivre en me rappelant tous les jours
que je vis sur une planète,
une immense Terre si lourde et pourtant si
légère, qui flotte “sans fil” dans l’univers...
Lui, cet inconnu immensément grand !

Vivre dans un monde plus surprenant... »

L'enseignement vous invite : à élargir votre conscience de vous et du monde. Il réclame aussi la connexion aux uns et aux autres, et par ailleurs un besoin de reconnexion avec soi. L'enseignement nous apprend à ne pas garder le nez sur les problèmes matériels qui nous rendent anxieux mais à prendre le temps de les relativiser en regardant plus grand, plus au-delà. Chaque mot est ici empreint de sagesse, d'humilité et de gratitude face à la vie.

Il y a fort à parier que lorsque vous piochez cette carte, vous sortez d'une période d'isolement ou de solitude, voire des deux, et que vous avez travaillé déjà à votre acceptation, mais que toutefois vous êtes trop concentré sur ce qui ne « marche pas » plutôt que de vous interroger sur ce qui pourrait bien fonctionner. Vient le temps avec cet enseignement d'y remédier. Tout ici-bas est si petit, serré, étriqué, qu'il est temps de remettre un peu de grandeur. Seriez-vous d'une nature pessimiste même en ayant tendance à l'espoir ? À partir de maintenant, terminé !

Le conseil de l'auteur (en plus de votre travail quotidien) : je vous conseille de prévoir une merveilleuse balade en nature seul, sans oublier ce cher carnet de notes et ce tendre enseignement. Trouvez le lieu idéal pour vous, un lieu qui vous inspire. À un moment, vous le sentirez, posez-vous là, parcourez de nouveau votre enseignement et méditez-le, la nature est un lieu de pures connexions, toutes permettant des compréhensions sous des angles nouveaux. Voilà, vous êtes au calme, méditez et laissez venir alors tout ce qui est juste. Quand vient le moment, notez alors tout ce qui s'exprime dans votre esprit et ce qui vient de se déposer en vous, comment vous sentez-vous ? Gardez précieusement ces notes près de vous, car il y a sans doute quelques petites réponses qui pourront vous servir... Peut-être pourrez-vous faire découvrir cet endroit et ce qu'il vous a apporté à des amis, histoire de recréer davantage de connexions.

10. L'ENDROIT

« Si vous voulez connaître l'éveil de l'âme,
imaginez-vous quelque part,
dans un endroit invisible au monde mais d'où vous
voyez le monde entier.
Dans le confort de votre être,
vous êtes chez vous.
Et au creux de ce nulle part ailleurs,
rien ne peut vous atteindre,
vous êtes seul avec vous-même, le bien-être est total,
laissez-vous guider, laissez vos pensées filer.

Vous pourrez voir le monde et toutes
ses beautés, l'univers vous dévoilera ses
secrets, lâchez prise et laissez-vous aller,
tout prend sens au fur et à mesure autour de vous...
Percevez l'immensité, la grandeur
et même la complexité !

Remarquez avec délicatesse comme tout se
connecte pour s'unir et,
dans cet endroit merveilleux qu'est
finalement votre monde intérieur,
ressentez l'unité qui s'installe.
Apprenez, découvrez, comprenez.

Nous avons tous certaines missions et
en premier, communément, celle d'exister !

Le champ du possible est à vous le
temps de quelques accords parfaits,
laissez votre âme s'évader,
vos doutes et vos peurs vous échapper...
Écoutez le silence tout autour et constatez
l'opération du changement mystique
et merveilleux qui s'opère,
alors qu'il se fait musique ou chant sacré.

Voilà que déposé là, à l'endroit,
le silence mélodieux commence à vous enseigner.
N'ayez pas peur des révélations,
car cet air céleste va se terminer et vous reviendrez
dans le même monde tout comme avant...
... Pourtant peut-être à jamais différent ! »

L'enseignement vous invite : à vous relaxer et à méditer. Il vous propose de cultiver votre harmonie et votre bien-être intérieur.

Il y a fort à parier que lorsque vous piochez cette carte, c'est qu'il est temps pour vous d'apaiser certaines tensions et de prendre du temps afin de prendre soin de vous, les journées à venir n'en seront que meilleures. Parfois, le message implicite qui accompagne cette carte nous signifie que nous sommes un peu trop sourds à notre communication intérieure, alors, le message est clair, écoutez-vous !

Le conseil de l'auteur (en plus de votre travail quotidien) : cet enseignement est une véritable méditation guidée, ainsi sa lecture ne vous témoignera pas toute la richesse que son écoute permet, alors parallèlement je vous suggère de poser votre voix ou celle d'une connaissance sur un fond sonore de votre choix (en lien avec l'état de relaxation) et de vous enregistrer. Prenez soin d'une diction calme, d'intégrer des moments de silence entre chaque phrase, prenez le temps de concevoir votre enregistrement, il n'en sera que de meilleure qualité et efficacité. Cela étant fait, redécouvrez l'enseignement cette fois en l'écoutant et profitez pleinement de cette douce connexion qui s'installera alors avec vous-même. Vous pouvez également élargir ma proposition en rajoutant des lignes selon votre inspiration, vous avez ici un tronc, n'hésitez pas à lui donner des branches.

II. LE DÉSIR

« Comme une envie de frôler ton âme,
de faire voyager mes mains.
Pas d'ennui, pas de blâme,
juste mon corps contre le tien.
Nos passions à l'unisson le temps d'un refrain,
l'amour sans détour qui va, qui vient...
Comme une envie de tes ongles sur mon dos,
un voyage sans grillage sinon celui de ta peau.
Nos émotions à sensations de maintenant jusqu'à
demain, un jour sans toujours qui va sans fin.

Comme une envie de toi avec moi...
De toi et moi.

Parfois, il y a des moments
qui effacent le passé et révèlent la passion.
Juste laisser aller la cadence des frissons.
Le moment du présent, ce regard délivrant.
Une évidence qui ne fait pas peur,
un voyage en profondeur.
Pas besoin d'aller bien loin,
découvrir c'est parfois fuir.
Sauf qu'aujourd'hui je ne veux fuir rien,
juste oser vivre à en mourir ! »

L'enseignement vous invite : à la sensualité, au contact, au toucher et également aux désirs, aux passions, à la racine du couple… Cet enseignement est profondément différent des autres thèmes, car il correspond à une phase d'éveil demandant l'expérience de la matière pour vivre son cheminement spirituel (généralement, c'est l'inverse). Cet enseignement inaugure le moment de ressentir l'esprit par les sens du corps, comme l'est la relation sexuelle en amour, soit l'expression et la perception d'un sentiment au cours d'un processus physique éveillant tous nos sens. Bien entendu, dans certains cas cet enseignement est à prendre au pied de la lettre, notamment lorsque votre problématique ramène vers votre couple, toutefois d'autres fois il est un message plus implicite dans ce qu'il peut évoquer de gêne, de conflit intérieur, de complexe…

Il y a fort à parier que lorsque vous piochez cette carte, soit vous êtes trop théorique et cérébral, soit vous avez à affronter des difficultés avec votre désir dans le cadre du couple. Il peut dans certains cas être aussi question d'une empreinte physique appartenant à une relation passée, dont il devient nécessaire de se défaire pour recouvrer son corps dont vous êtes le seul et unique détenteur.

Le conseil de l'auteur (en plus de votre travail quotidien) : que vous soyez homme ou femme et quelle que soit la problématique à laquelle vous renvoient cet enseignement et cette carte, je suis sûr qu'un travail mené sur le chakra racine et/ou sacré ne pourra que vous aider et vous permettre de conscientiser encore plus de choses. Relisez fréquemment chaque mot car ils sont tous communicatifs d'une énergie qui réveille, qui anime, ainsi ces lectures pourront-elles suffire à vous reprogrammer.

12. LA CLEF

« Faire connaissance avec son destin,
inviter son âme à nous saisir la main !
Une balade des sens en quête d'esprit, comme une transfusion
d'essence à cette flamme qu'est la vie.

Lâchez prise et tout prendra du sens,
le temps s'étire, l'espace s'extirpe,
et apparaît la longue route de la connaissance.
Plus d'hier, pas de lendemain,
seul compte aujourd'hui...
Où les rencontres nous font du bien,
se rendre compte du bonheur enfin.

Respirer n'est pas sentir et sentir
n'est pas ressentir !
Le voyage pour aller au-delà de nous tient
son entrée en nous, bien au-delà de tout.
Et si le corps est une prison,
sachez que l'on peut en sortir !
Moi, je le vois plutôt comme une maison,
où la joie survit au pire.
Tout est bien fait, n'ayez pas peur...
À commencer par la clé placée à l'intérieur.
La suite vous appartient, car après tout
il s'agit bien de votre destin... »

L'enseignement vous invite : à vous rencontrer. Sur les Chemins de l'Éveil, on est guidé en permanence, chaque pas en entraînant un autre, sur une route merveilleuse remplie de découvertes. Cet enseignement nous donne la réponse face à un problème comme une porte fermée que l'on croit ne jamais pouvoir ouvrir. Il nous informe sur la marche à suivre et dans ce contexte nous révèle l'endroit où se trouve la fameuse clé pour ouvrir la porte vers l'éveil spirituel. Mais n'oubliez pas qu'il est question ici, tout comme la clé, d'une entrée qui se trouve à l'intérieur de vous.

Il y a fort à parier que lorsque vous piochez cette carte, vous venez de combattre des années de souffrances, de douleurs, de doutes, de destructions. Aujourd'hui vient l'heure d'ouvrir la porte sur le passage, comme une route vers la lumière. On relève la tête et on file vers l'avant. Ce moment particulier que relate l'enseignement est celui de la rencontre avec soi, non des retrouvailles, je dis bien de la rencontre, qui détermine aussi un passage entre l'ignorance et la connaissance, entre le passé et l'avenir. Un moment où l'on va marcher pour guérir.

Le conseil de l'auteur (en plus de votre travail quotidien) : une rencontre n'est jamais une chose évidente, alors si je vous propose déjà de vous mettre sur votre trente et un, séduisez-vous un peu, ça n'en sera que plus simple, et s'il faut faire des emplettes ou consulter un coach en image, alors faites, ah oui et n'oublions de passer chez le coiffeur ! Cela fait, remarquez comme la satisfaction vient d'opérer en vous, attendrissant cet ego grognon de ne pas oser, à présent aller à l'intérieur de vous va s'avérer plus facile.

13. LE CHOIX

« J'entends les sols qui glissent,
le grincement de la terre.
J'entends le ronflement du néant de la guerre...
Nous ne saurions être matrices aux
confluences de la matière.
À quoi sert un géant semant des
grains de poussière...

Choisir n'est pas un piège de l'incarnation,
seulement le moyen d'apprendre la décision.
Décider n'est pas choisir,
ô grands piliers de la raison...
Décider c'est vouloir élire les
choix savamment bons !
Apprendre à choisir, c'est commencer par
décider de vouloir savoir faire les bons choix.

Quand le cœur des âmes est pâle, il est
temps de remettre de la lumière,
cette intensité nomade vous
permettra d'y voir plus clair.
Demandez donc à la lune si elle
aime éclairer la guerre,
elle vous répondra l'infortune des
châteaux de sable dans le désert.

Apprendre à choisir, c'est commencer par décider de vouloir savoir faire les bons choix. Et à quoi bon choisir d'être un géant, semant des grains de poussière ? ! »

L'enseignement vous invite : à choisir, à décider, tout en s'écoutant pour faire les bons choix. Ainsi, choisir, ce n'est pas un piège, c'est surtout apprendre à décider avec quoi l'on choisit, le cœur ou l'ego, or il n'y a jamais de meilleurs choix que ceux faits lorsqu'on décide d'écouter son cœur. Cet enseignement nous rappelle que l'on est tous capable de faire des grandes choses (nous avons tous un géant qui sommeille en nous), ainsi pourquoi se dévaloriser en ne se sentant pas capable de grandes réussites (à quoi sert un géant semant des grains de poussière ?). Par ailleurs, qu'est-ce qu'il y aurait de richesses et de visibilité à être un château de sable dans un désert de sable ? Là se tient l'infortune. Toutes ces petites contradictions nous amènent à vivre une sorte de guerre intérieure, qui ne saura que s'apaiser.

Il y a fort à parier que lorsque vous piochez cette carte, c'est que vous êtes bien loin de vous et de ce que vous pouvez réaliser. Ne vous ignorez pas, ne vous sous-estimez pas, ne vous rabaissez pas. Évidemment, ce tirage démontre une fâcheuse tendance à ne savoir que choisir, à vous impatienter de tous ces choix qui s'additionnent, qui vous épuisent, et à croire que c'est le destin qui cherche à vous oppresser ! Dites-vous plutôt qu'il cherche à vous enseigner.

Le conseil de l'auteur (en plus de votre travail quotidien) : je vous invite à créer une visualisation dans laquelle votre esprit évolue de tout petit à géant, ressentez l'esprit du géant que vous êtes, imprégnez-vous-en. Vous pouvez aussi demander à votre coach en relaxation guidée d'en créer une sur ce thème, comme je le fais moi-même au cours des accompagnements que je dispense aux personnes qui piochent cette carte.

14. LA CONFIANCE

« Le doute et les peurs se font dire la bonne
aventure, sur les routes le paysage ne se
prévoit pas !
La confiance, c'est oser vivre une aventure,
avoir en soute, pour seuls bagages,
le risque et ce qu'il octroie.

Il n'y a pas d'état qui ne s'entretienne,
le positivisme semblable à la plaine...
Cultive ta vie comme tu cultives ton jardin,
car dans l'une comme dans l'autre,
si une graine ne prend pas,
c'est que de tes projets tu n'as pas rendu fertile le terrain.

Garde espoir en ta confiance et confiance en tes
espoirs, puisqu'ils sont une entité pour l'homme
à la main verte ; capables de fleurir les chemins
et d'ouvrir des portes, comme un passage ;
vers ou pour, pour et vers la
conquête de chaque destin !

Aie confiance ! »

L'enseignement vous invite : à ne rien prévoir en ce moment précis. Le risque fait partie de l'aventure, acceptez-le pour ce qu'il est, tout en sachant qu'il induit de belles récompenses. L'enseignement vous précise que la réussite est un travail dans lequel il faut se faire confiance et positiver, car finalement votre destin ne saurait se conquérir sans que vous y participiez. La main verte est bien sûr le symbole d'une personne proche de la nature, qui la cultive avec succès, ce qui est intéressant c'est que la couleur verte correspond au chakra du cœur.

Il y a fort à parier que lorsque vous piochez cette carte, vous êtes dans le doute et la peur de votre avenir, peut-être même songiez-vous à faire appel à un médium ou un voyant, soit à propos d'un projet qui est sur le point d'aboutir, soit concernant un projet qui ne prend pas racine. Par ailleurs, ce tirage invite à penser que vous cherchez trop de sécurité ou trop de confort, trop d'assurance à l'extérieur de vous, il invite alors à l'allégement.

Le conseil de l'auteur (en plus de votre travail quotidien) : je vous invite à travailler en complément les cartes et les enseignements suivants : La magie et L'endroit. Vous pouvez également vous arrêter un peu sur votre chemin, afin de lire un ou deux livres sur les sujets de la confiance et de l'acceptation.

Par ailleurs, la main représentant l'acte de donner, de recevoir, d'accompagner, et la couleur verte correspondant au cœur, n'oubliez pas durant les prochains jours de vous servir de vos mains en y mettant du cœur, qui sait, il y a même des fleurs qui poussent parfois sur la pierre.

15. LE MEA-CULPA

« Le martyr.

La blessure est originelle dans
le cœur de l'homme.
L'âme est écorchée, frêle, dans
le corps de l'homme.

Le modèle à suivre mène à la paix.
Le recouvrement d'un modèle de soi achevé.

Mais le chemin est douleur,
plein d'embûches parsemé
Afin de parvenir à l'état semblable
à l'extase de l'âme au sommet.
Et le chemin est long, le cépage y est si acide
À qui boit de raison et marche le pas avide.

Il faut montrer l'exemple,
l'homme alors devient guide.
Le fruit de mille épreuves,
la confiance pour seul guide.

On croira l'acharnement, l'injustice et la poisse.
Mais il n'y a pas de mal à plaisir au nom
qu'une idée ou conscience croisse.

Le modèle érigé en exemple est un
guide aux âmes écorchées vives.
Par le biais d'un homme à suivre, recouvrir le
soi achevé qui ne marche pas le pas avide.

Être pleinement est dur et difficile.
Vivre le simple est une satire.

La quête d'ultime, cette folie, n'est pas facile.
Mea-culpa !
Mais l'homme, lorsqu'il vient au bonheur,
finalement n'est pas martyr ! »

L'enseignement vous invite : à accepter la douleur du passé et à la transformer pour pouvoir guider les autres. L'enseignement vous indique que ce qui vous est jusque-là arrivé ne vous a pas été apporté par plaisir, mais pour devenir un sage exemple, une conscience accrue, un homme ou une femme comme guide à suivre, vers l'ultime, vers la connaissance de soi.

Il y a fort à parier que lorsque vous piochez cette carte, vous avez tendance à vous considérer comme un martyr du destin, vous ne trouvez pas le sens de vos épreuves, qui semblent s'accumuler.

Le conseil de l'auteur (en plus de votre travail quotidien) : si vous ne trouvez pas de sens à vos épreuves, alors donnez-leur-en un. Sur vos notes, tâchez de noter vos épreuves passées et d'en tirer un bilan dans le présent, afin de voir ce qu'elles vous ont apporté d'atouts à ce jour et que vous pouvez mettre à profit pour autrui dès à présent.

16. LA RENCONTRE

« Peut-être qu'il serait bon de se raconter
de belles choses,
sans doute serait-il bon de se rencontrer,
mais quelle belle chose !

Peut-être oser pardonner lorsque l'on
se confond vaudrait-il mieux que de ne
rien pardonner et de tout confondre.
Sans doute être sa lumière plutôt que
son ombre permettrait d'éclairer tous
les chemins, même les plus sombres.

L'amour de soi c'est l'amour de l'autre,
puisque sans moi pas de toi ni rien d'autre.
Alors peut-être faudrait-il se construire
soi, plutôt que de construire des
murs...
Une construction de joie pour
résister aux temps les plus durs.
Enfin serait-il bon de se raconter
de belles choses,
alors il serait bon de se rencontrer,
mais quelle belle chose ! »

L'enseignement vous invite : à vous ouvrir au partage et à mettre de la beauté dans vos partages. L'enseignement recommande la rencontre, la transmission, comme un moyen de remettre de la beauté dans sa vie, en se racontant de belles choses. L'enseignement vous rassure quant au fait que vous êtes prêt à vous ouvrir aux autres, aussi peut-être est-il temps de réparer certaines relations abîmées, temps de travailler à pardonner, temps d'aimer. Chaque mot vous invite à penser que vous n'êtes plus obligé de vous construire des murs, car vous n'êtes plus de si petites choses fragiles, mais si vous souhaitez vous pérenniser, il s'agit à présent de vous construire vous.

Il y a fort à parier que lorsque vous piochez cette carte, c'est que vient le temps de sortir du cocon et de partager douceur, amour et bienveillance, vous ne risquez plus aujourd'hui de vivre la trahison, le mensonge et le jugement si vous avez correctement fait le travail, et, lorsque cette lame intervient, c'est normalement le cas.

Le conseil de l'auteur (en plus de votre travail quotidien) : procurez-vous un petit fascicule de positive attitude, et aussi n'hésitez pas à organiser des sorties ou moments lors desquels vous pourrez vous raconter des anecdotes pleines de beauté. Si vous êtes en quête de social, peut-être est-il temps de vous engager dans une association auprès de laquelle vous contribuerez à faire de belles choses.

17. CARPE DIEM

« L'heure est abstraite, la minute futile,
le temps d'une seconde, tout peut devenir fragile.

Le cœur du moment en appelle
aux moments du cœur.

La vraie éternité réside en notre manière d'aimer.
Cette intemporalité est la seule qui
fait d'un présent, un parfait.
Seul rend immortel l'acte d'aimer, comme l'être
cher survit dans le cœur pensé/pansé.

C'est véritablement l'amour qui dure
quand le corps, lui, ne perdure !

Deux corps qui s'embrassent longuement afin
de ne pas perdre l'instant, deux oiseaux qui
batifolent dans leur nid, le saut délicat d'un
petit qui le quitte, une mémoire qu'on accorde
à ceux qui ont rendu le souvenir, ou encore
même un seul éclat de rire, un élan de vie, c'est
cela le moyen de rendre la seconde immobile.

Comme de frêles racines qui s'entrelacent et
s'épousent à jamais, c'est le canevas du passé et
l'aiguille de l'avenir qui tissent le moment parfait !

Rappelle-toi qu'il existe encore des arbres que le temps lui-même n'a pas su écorcher, car ils sont le mouvement immobile de l'instant sacré.

Chaque moment est à graver dans ton être, dans cette conscience qui nous survit et qui oscille le long de ce mouvement où rien ne cesse, que l'on nomme éternité.

Le voilà, le moyen d'honorer la vie et ceux qui y ont vécu, finalement il ne s'agit pas d'observer se consumer la chandelle...

Non ! L'essentiel est d'allumer la bougie !

Et pour l'instant je te dirai qu'il n'y a pas d'épreuve que tu ne puisses surmonter. »

L'enseignement vous invite : à vous ancrer dans l'instant, car finalement le temps est relatif. L'amour y est un moyen de prospérer, ce moment présent infini, tout comme il sait rendre immortels les êtres que l'on endeuille. Avec cet enseignement, il est question d'instant, d'amour, de deuil, d'émancipation, de réparation…

Il y a fort à parier que lorsque vous piochez cette carte, vous ne vivez pas assez, voire pas du tout, dans le présent, ou que vous ne savez pas en apprécier la saveur car le temps que vous vivez vous semble trop douloureux pour être vécu pleinement, comme dans le cas du deuil par exemple. Vous manquez d'ancrage.

Le conseil de l'auteur (en plus de votre travail quotidien) : rapprochez-vous d'un arbre et regardez-le confortablement enraciné dans le mouvement immobile de l'instant sacré. Regardez-le, puis adossez-vous à lui, asseyez-vous contre lui au plus proche de ses racines et méditez, profitez-en pour lâcher ce qui n'est pas utile en ce moment et pour épouser l'instant.

努力您的

18. LE BESOIN

« Besoin de joie et de tendresse, dans
un monde d'effroi et de détresse.
Besoin d'émois et de caresses, dans un
monde de pourquois pleins de tristesse.

Envie de nous, de vous, de toi, et de
frontières qui disparaissent.
Au sommet d'une terre sans éclats, et
d'âmes natures qui apparaissent.
Loin des pensées où juge est roi,
hors des sentiers mais non loin de là.
Bien des emblèmes prônent la sagesse,
ici totems et dômes de maladresse.

Reconnectons l'ici et là, pour qu'apparaissent,
au sommet d'un pourquoi,
l'envie de nous, de tout,
et ce besoin de joie. »

L'enseignement vous invite : à vous consacrer à vos besoins et à vos envies. Il est intéressant de remarquer que les besoins dans cet enseignement sont liés à des émotions générales, comme finalement nous avons besoin d'air ; les envies quant à elles sont rattachées à autrui, « nous », « vous ». Il n'est pas question, donc, d'avoir besoin, soit d'être dépendant, de choses qui ne dépendent pas de nous. Par ailleurs, cet enseignement invite à revenir à l'essentiel, à redevenir naturel, à accepter l'erreur et la maladresse. En reconnectant l'ici (dômes de maladresse et totems) et là (hors des sentiers où juge est roi mais non loin de là), alors renaîtra l'envie d'avancer.

Il y a fort à parier que lorsque vous piochez cette carte, vous ne savez plus trop dissocier vos envies et vos besoins, peut-être même ne les ressentez-vous plus ou croyez ne plus en avoir. Cet enseignement alors vous invite à comprendre que, si vous êtes si triste, c'est justement parce que vous en avez mais que vous ne les écoutez pas.

Le conseil de l'auteur (en plus de votre travail quotidien) : il est question ici de commencer à écouter vos envies et vos besoins, cela vous permettra de retrouver une énergie active et motrice pleine de positivité dans votre quotidien. Mais, avant tout, il est question d'en prendre conscience. Ainsi, je vous conseille dans vos notes d'intégrer un tableau à colonnes, « envies », « besoins », et à les remplir, veillez bien à ce que vous inscrivez ait réellement sa place dans lesdites colonnes. Après cela, remplacez la colonne « besoins » par « ce qui m'est nécessaire dans ma vie » et celle des « envies » par « objectifs ». Voilà maintenant vous savez ce qu'il vous reste à faire, alors, au travail.

19. L'AMOUR

« Ressentir ce qu'il y a de plus beau
en chaque personne, en chaque chose,
c'est aussi savoir aimer !
Oui, la beauté se ressent plus qu'elle ne
se voit, tout comme l'amour s'apprend
plus que ce que l'on croit.

Si parfois l'amour est une capacité
innée, la beauté, elle, est d'abord
vibratoire, il faut s'y connecter.
C'est de là que l'on distingue celle perçue
par les yeux de celle du cœur !

Il nous faut sublimer la beauté de l'amour
érudit, il nous faut savoir amour semer dès
aujourd'hui ;
afin de permettre des forêts
d'amour plus que rouges rivières, des champs
de roses plutôt que des fronts de guerre.

Oui, l'amour a ce pouvoir inconditionnel...
Alors soyez-en sûr, il fleurira !
La beauté de ses fleurs éternelles,
alors, se ressentira ! »

L'enseignement vous invite : à vibrer d'amour, à vibrer l'amour. À ce stade d'évolution, le cœur s'illumine de beauté. Et pour l'amour, il faut se connecter à la beauté du cœur. Cet enseignement précise qu'aimer peut encore s'apprendre au-delà d'y croire, que l'acte d'amour se trouve dans les belles et délicates attentions/intentions, il s'agit d'apprendre à la percevoir.

Il y a fort à parier que lorsque vous piochez cette carte, c'est que vient le moment d'aimer de tout votre cœur au sens large, vous aimer, être aimé et aimer tout ce qui se trouve au-delà de vous. Vous avez sans doute éprouvé beaucoup de colère lors d'une épreuve et semblez vous être fermé à accueillir la beauté et l'amour, comme si vous ne souhaitiez plus vous l'autoriser. Des forêts d'amour ou rivières de sang, que choisissez-vous ? Il est encore possible de trouver les fleurs éternelles de l'amour inconditionnel, dans la beauté, par la beauté, pourquoi ne croiriez-vous pas être une belle personne ?

Le conseil de l'auteur (en plus de votre travail quotidien) : vous pouvez travailler la carte du cœur parallèlement à cet enseignement. Aussi, si cette carte a un écho négatif, je vous invite en priorité à travailler sur la sombre journée qui vous a vu renoncer à l'amour, fermez cette page, laissez faner cette tige, ce n'est que plus de roses que vous verrez s'ouvrir.

20. LE MASQUE

« Le monde et ses mystères,
perpétuelle mutation où l'on opère,
magique alliance de l'âme et de matière...
La vie pour y bâtir des édifices,
la grandeur de l'homme, le pas du vice,
entre profondeur d'être et artifices.

Une course à l'importance,
la prestation et l'abondance,
ou l'esprit saint et sa prestance...
De la valeur, pour ce qui peut se voir,
une limite au cœur, sur ce qu'il sait entrevoir.

Le masque est social, évite la transparence ;
l'homme, maîtrise ultime de l'apparence ;
je dis : "Surpasse la limite du corps et
observe comme l'esprit danse !"

Maintenant, explose l'artifice, abats
l'édifice, prends conscience de l'instant,
de la magique mutation qui opère en ce
perpétuel moment, en ce perpétuel présent...
Alors, dis-moi, que reste-t-il ?
Que reste-t-il entre ce fabuleux toi
et cette merveilleuse toile inachevée
qu'est l'univers ?

Il y a le monde, l'incarnation
et ses mystères...
Va et découvre-les !!!

Il te suffira pour cela,
tout simplement, d'Exister ! »

L'enseignement vous invite : à ôter le masque, à être vrai, à oser votre vrai visage. Cet enseignement nous communique l'importance d'être, plus que de paraître. Porter un masque revient à être invisible. L'enseignement vous indique que si vous sortez du jeu de la compétition et de l'apparence, de ce qui se voit, de ce qui est important et de ce qui se compare alors vous aurez accès au monde et ses mystères, vous pourrez en y prenant votre place participer à compléter la toile qu'est l'univers.

Il y a fort à parier que lorsque vous piochez cette carte, vous subissez un rôle que vous ne voulez pas jouer, comme si toute votre vie on vous avait obligé à porter un masque. Vous remettez tout en question, en quête d'identité réelle. Cette lame peut parfois intervenir dans une période de destruction des repères, comme si la vie balayait tout le faux pour vous permettre d'établir le vrai.

Le conseil de l'auteur (en plus de votre travail quotidien) : pour être vraiment, il faut défendre des valeurs, commencez par les définir. Aussi, dans ce que vous venez de conscientiser, n'hésitez pas à pardonner aux personnes qui vous ont tendu un masque, car finalement c'est vous et seulement vous qui l'avez porté, alors tout autant pardonnez-vous également.

21. L'ÉTERNITÉ

« La lumière des astres,
comme une douce mélodie ;
qui sillonne l'âme, et l'étreint à demi !
Un instant pour soi, un présent immobile ;
à quelques pas de là, les émois sont fragiles.

Une envie frôle l'être, au regard étincelant ;
un soupçon le caresse, c'est l'infini moment !
En quête d'éternel, le voyage est si beau ;
l'éternité comme une grâce immortelle,
qui éclate en morceaux.

Et puis sans rien y comprendre le destin se révèle,
le hasard alors, comme prévu, interpelle.
Tu as le tôt, l'instant, tu as le tard.
Tu as le blanc, la nuance, tu as le noir.
Et la nuance de l'instant en buvard
comme pour absorber de l'éternité, à toi de voir.

Alors l'instant devient roi,
qu'il passionne ou qu'il attriste ;
à quelques pas de là, le salut de l'artiste ! »

L'enseignement vous invite : à vous laisser aller à la libération émotionnelle, et pour cela à vous plonger pleinement dans vos émotions, comme vous plongez la tête dans les étoiles. Également, l'enseignement vous indique la nuance et l'instant comme moyen de vivre éternellement. Alors, d'après cette sagesse, votre destin peut se révéler, le hasard vous surprendre. Il semblerait, ici, que regretter ou prévoir ne soit pas une formule convenable pour vraiment vivre, cela tient plutôt dans le fait d'écouter vos envies du moment et à les laisser vous animer.

Il y a fort à parier que lorsque vous piochez cette carte, vos émotions accumulées freinent votre capacité à avancer. Vous êtes perdu sur le fil du temps et ne vous écoutez plus. Cette lame indique une grande connexion spirituelle que vous reniez. Si vous n'avez pas l'impression d'avoir perdu du temps ou d'en manquer, elle peut indiquer en tout cas que vous ne le mettez pas à profit.

Le conseil de l'auteur (en plus de votre travail quotidien) : quand vous aurez terminé votre travail personnel sur cet enseignement, je vous invite à le prolonger en ajoutant à la suite l'enseignement 17, « Carpe diem ». Relisez alors le tout, et continuez le travail. Prenez un peu de temps pour vous durant ce processus d'introspection, car vous êtes en train de vous métamorphoser intérieurement, or ces deux cartes, ensemble, génèrent beaucoup de libérations énergétiques et émotionnelles, cela peut être très fort et déstabilisant si c'est fait hâtivement.

爱

22. LA DISTANCE

« À l'heure où l'esprit se sépare du cœur,
la distance devient le fléau de l'être !
Vagabonde harmonie devient sourde…
L'heure de l'esprit séparé de l'être,
dont le cœur ne prêche plus pour lui,
rend notre guidance obsolète,
comme est inutile un messie assourdi.

Puisque rien ne peut survivre à être écartelé,
la distance et la douleur, alors écarte-les !
Il n'y a nulle chose impossible à dépasser,
pas tant que tu te refuses à t'oublier !
Pas tant que, chaque journée, tu rechercheras
l'union des corps, l'unicité, le rendez-vous !

Tout surmonter n'est pas si dur, fébrile,
n'est pas si fou, tout du moins pas si ce
rendez-vous est avec toi-même !
La distance ne sera, alors,
plus jamais un problème ! »

L'enseignement vous invite : à comprendre que la distance physique n'est pas douloureuse, ni la séparation, ni le dépaysement. Les émotions ressenties par ailleurs renvoient à une forme de distance plus invisible, qui elle peut être source de douleur, celle qui sépare le cœur et l'esprit. Cette forme de distance s'appelle « ego ». Elle rend l'esprit isolé et le force à prêcher la bonne parole à nos oreilles sourdes et à notre cœur qui ne lui est plus relié, ne croit plus en lui. Cet enseignement vous demande l'union en vous, qui, lorsqu'elle n'est pas, alors peut être la cause de vrais problèmes dans la matière, de vrais blocages dans votre évolution. Lorsque la distance n'est pas présente dans le cœur de l'homme, alors on comprend que tout est lié, puisque l'on ressent tout et chaque chose, on demeure connecté, néanmoins si le cœur est touché alors il ne ressent plus correctement, tout devient plus compliqué, long, éloigné.

Il y a fort à parier que lorsque vous piochez cette carte, vous avez connu une fracture dans votre vie, symbole de cette dissociation intérieure qui s'est créée. Il apparaît évident que vous demandez de l'aide à l'extérieur en vous écorchant la voix, alors que vous devriez adresser vos prières à votre cœur, de se rallier à votre esprit avant de reprendre la voie.

Le conseil de l'auteur (en plus de votre travail quotidien) : retournez à l'époque, aux souvenirs ou pourquoi pas même à l'endroit de cette fracture qui vous a vu écartelé, réparez cette vieille histoire du passé et travaillez à réparer l'union de ce que vous êtes avant de vous occuper de la réunion dans les relations. Une pratique à but d'introspection (yoga, coach en relaxation, sophrologie...) sera un atout pour ressentir à nouveau votre esprit et y reconnecter votre cœur. Et si vous ressentez l'envie obsessionnelle d'un déménagement et que tout le permet, ou même une envie de vacances, alors par pitié permettez-vous, la distance ne sera jamais le problème si vous êtes uni à l'intérieur.

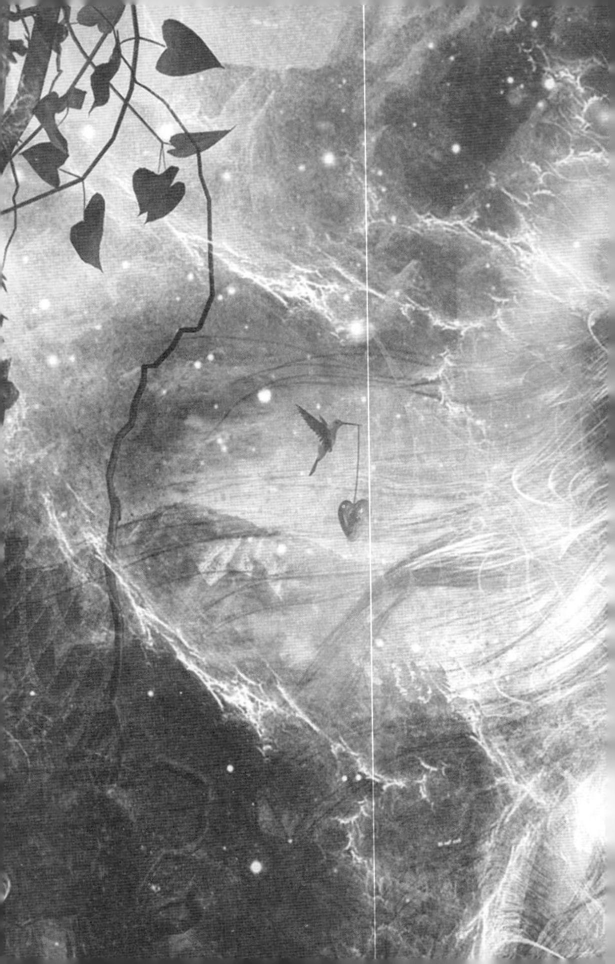

23. LE BONHEUR

« Le bonheur n'est pas loin,
quelque part entre nos mains.
Mais trop longtemps sommes-
nous restés contraints !
Beaucoup trop longtemps pour
oser voir, pour oser croire,
oser incarner plus que des valeurs dérisoires.

Bonne nouvelle, il n'est jamais trop tard !
Alors, mettons-nous à nu, mais ne montrons
rien, devenons des lumières cachées dans
l'ombre. Regardons en l'air le corps las l'esprit
serein, soyons un espoir entre terre et songe !
Le temps, au moins, d'une prière qui prélasse,
qui fait du bien.
Pendant que le temps tourne l'air,
du vent, de l'air, du temps d'hier...
Il est seulement le moment de l'esprit clair, du cœur léger.
Quel beau moment que le temps
des pensées clairsemées !

Posées là, sur le parcours de quelques percussions
du cœur, ô tendres accords parfaits !
L'occasion maintenant de faire ceci ou bien cela,
mais surtout d'être bien ici, d'être bien là !
Pas de "peut-être" ni de "pourquoi pas",
seuls la justesse, l'amour et la lumière

de l'être seront plus belle armée à la victoire que milliers de petits soldats ! Le bonheur n'est plus loin, commençons déjà par lui ouvrir les bras ! »

L'enseignement vous invite : à ressentir le bonheur qui s'installe par des pensées claires œuvrant à notre service. Cet enseignement nous veut du bien et nous demande de suivre la voie de ce qui nous paraît juste, tout comme il nous indique que le moment est à ouvrir les bras, soit à accueillir le bonheur dans sa vie.

Il y a fort à parier que lorsque vous piochez cette carte, vous étiez jusque-là fermé à l'idée de connaître du bonheur dans votre vie. Néanmoins, aujourd'hui, cette lame vous indique que vous n'êtes plus la personne qui avait une image du bonheur égoïste mais qu'au contraire, avec votre parcours, vous avez appris à vous régaler des choses simples, des airs légers, et que vous êtes en quête de partage et avez envie de diffuser. Le bonheur réside en cela, la porte fermée sur hier et la fenêtre ouverte sur aujourd'hui, il est là, vous pouvez le voir, le sentir... Alors, ouvrez-lui les bras là où un jour vous les lui avez fermés car il n'avait pas l'apparence escomptée, car ce n'est plus la même journée et vous n'êtes plus vraiment la même personne.

Le conseil de l'auteur (en plus de votre travail quotidien) : je vous invite à la relaxation, je vous invite à vous dire que c'est possible plus que l'inverse, je vous invite à travailler en parallèle de celle-ci les cartes 2, 20 et 8, voilà qui va vous donner du travail et alors vous pourriez bien passer un stade d'éveil, un palier de conscience.

24. LE REGARD

« C'est lorsque les yeux se ferment,
que la perception peut s'agrandir !
Le monde alors au visage terne,
retrouve l'éclat d'un bleu saphir !

Voir est la limite vers l'horizon où regarder !
Regarder a d'enrichissant son appel à ressentir,
cette propension à admirer.
Au nom du meilleur afin de sublimer le pire !

Pour ne pas que les yeux soient les judas de l'ego
mais bien les fenêtres de l'âme...
Il faut apprendre à admirer ce que l'on regarde
plutôt que de voir au travers de l'œil qui blâme !

Ainsi, face à celui qui voit une planète lointaine
qui reflète la lumière du soleil...
Moi, je regarde les étoiles,
milliards éclats d'un diamant, posés là,
sur l'éternel, qui brillent...
Et dont la poussière est d'argent,
lorsqu'elle vient réconforter les gouttes d'eau
qui fuient partout sur mes joues.
Millions de petites gouttes d'eau
qui submergent mes jours !

Puis le miracle opère,
la mort en moi reprend vie ;
le silence fait du bruit et le pétrifié s'anime.

Je leur confère bien des mystères,
que je préfère ignorer...
Si pour toi je venais à paraître ignorant,
ne sois pas fier, car je serai désolé.
Non désolé d'avoir appris à regarder
de tout mon cœur, de toute mon âme...
Mais désolé que tu ne sois pas en
mesure de t'asseoir avec moi,
d'admirer le spectacle de la vie juste là !

Ce poète, la vie,
qui saigne lors des explosions de lave,
qui gronde en illuminant le ciel,
qui permet le rêve et l'émotion !
La vie, ce poète qui tourne une danse sans cesse,
qui tourne, tourne et tourne,
qui tourne et qui tourne...
Telle une valse aux mille et un espaces-temps.
Un poète qui respire pour te permettre de vivre,
à quoi bon sinon pour admirer la poésie de la vie !

Tu peux négliger cette poésie, ou alors,
tu peux respirer avec lui,
ce poète à dents de scie,
respirer avec moi, à son rythme,

à sa fréquence, embrasser sa vibration...
Et regarder pour admirer le spectacle...
Le spectacle de la vie juste là.

Car regarder, c'est percer le voir pour admirer
et sublimer ce que l'œil humain n'a
pas su sentir ni entrevoir.
Finalement, regarder, c'est percevoir et admirer
pour ressentir ce que l'œil de l'âme
a le pouvoir de sublimer ! »

L'enseignement vous invite : à élargir votre perception, à ouvrir votre vision, cela passe le regard intérieur. Tout est relatif, tout est illusion, tout est changeant selon l'œil par lequel on voit, selon l'angle de vue. Ne jugez pas, plutôt sublimez.

Il y a fort à parier que lorsque vous piochez cette carte, vous êtes trop pessimiste ou trop aveugle sur l'essentiel car très cérébral, ou vous pouvez aussi être entouré de personnes qui semblent polluer votre environnement. Dans le premier cas, cette lame vient vous bercer de poésie et de possibilités, essayez alors de cultiver les sensations merveilleuses qu'elle éveille chez vous. Dans le deuxième cas, soyez tolérant et désolé pour ces personnes, désolé qu'elles ne soient pas en mesure de voir ce qui vous entoure de pareille façon, soyez compatissant envers elles et non en colère, enfin laissez-leur le choix, respectez-le mais ne les laissez pas entacher votre perception.

Le conseil de l'auteur (en plus de votre travail quotidien) : lire ou relire *Le Petit Prince*, de Saint-Exupéry.

25. LE TITAN

« Vibre pleinement ce que tu es et tu pourras
être pleinement ce que tu vibres...
Et si cette vibration ne te convient pas,
alors vibre autre chose, sois autrement.

Dans les effluves des "je ne suis
pas capable", tu dérives...
Alors tu crois par ce que tu étais
que tu ne peux être autrement.
C'est maintenant face à l'immensité
que tu te rappelles,
C'est un vide immense que tu ressentais...

Maintenant que tu es là, seul, face à toi-même,
comme une impression de reste à composer !
De ton côté de la rive,
tu ne vois que l'eau, ton émotion.
Tu peux bien traverser la rivière
sans regretter l'absence de pont.

Ainsi aux confluences des joies et des chagrins,
n'oublie pas la barque le long du chemin,
et emprunte le fleuve qui mène à ce
monde intérieur qui est le tien.

Pas besoin d'arme ni d'artifice, l'inconnu en soi n'a pas de vice et si l'enfant en toi n'y peut plus rien, souviens-toi alors qu'ici, il est le titan qui rame avec ses mains ! »

L'enseignement vous invite : à parcourir vos émotions plutôt qu'à les survoler, les éviter par peur de vous y noyer. À comprendre que l'enfant rempli de peurs et impressionné par les obstacles peut aujourd'hui grandir et devenir un titan protecteur et capable de tout pour ramer à pleines mains au cœur de vos émotions, afin de rejoindre l'autre bord de la rive. L'enseignement vous insuffle l'élan de courage nécessaire pour y arriver, en attirant votre attention sur le fait que le vide n'existe que pour être rempli.

Il y a fort à parier que lorsque vous piochez cette carte, c'est qu'il n'y a pas de pont cette fois, pas de passerelle, pas de moyen de contourner l'épreuve. Cette lame vous indique de ne pas en regretter l'absence, n'ayez pas peur, laissez-vous plutôt porter par l'eau (symbole de vos émotions). Vous avez le sentiment d'être littéralement coincé, sauf qu'en fait vous laissez votre jugement de vous-même, face à des échecs, vous empêcher de réussir. Il est temps de passer de l'enfant au titan.

Le conseil de l'auteur (en plus de votre travail quotidien) : organisez-vous une séance de kayak, avec ce texte bien en tête (j'espère que vous ne le découvrirez pas en plein hiver, ah ah !), voilà un moyen de vous surpasser. Aussi, je vous invite à formuler sur une feuille votre problématique avec une plume d'enfant et à vous répondre avec une plume de titan, toutes vos réponses se tiendront dans vos lignes.

26. L'ÂME

« Le corps sans âme est matière mais pas vivant,
inertie sans mouvement,
pleine présence dans le néant.

Le corps se meurtrit de ce que l'âme ne vit,
vivre sans conscience ni âme, à
quoi bon vouloir le paradis,
que serait l'utilité sans la flamme de la bougie ?

L'âme aime évoluer, croître, grandir,
par le corps qui comprend la vie,
elle apprend à rire.
Elle se stigmatise d'une vie de regrets,
l'âme préfère une vie à conditions levées.
Pour l'âme, il faut l'essentiel chérir,
peu importe quoi, où et comment,
l'important c'est d'obtenir.

Alors il faut choisir une vie
d'objectifs pour l'âme en paix,
cette dernière, enfin heureuse de vivre épopée,
saura rendre le corps vivant dans un
paradis de réussites méritées. »

L'enseignement vous invite : à prendre conscience de votre âme, car c'est elle qui est à l'origine d'une belle vie, car c'est grâce à elle que tout s'anime. L'enseignement aide à prendre conscience que le corps s'abîme s'il ne vibre pas, et donc si l'on y ignore l'âme. De même, on y apprend qu'elle s'épuise et s'abîme de ce que le corps n'ose pas et des trop lourdes conditions que l'on s'impose et que l'on impose aux autres. Il est question ici d'action et de reconnaissance de ce qu'est le soi, soit un tout, afin d'obtenir réussites méritées. L'enseignement réclame l'âme incarnée et exclame « le but d'une vie est de découvrir son âme, lorsque le corps s'en fait la voix, alors on peut rire aux éclats ».

Il y a fort à parier que lorsque vous piochez cette carte, c'est que vous ne vous occupez plus de votre âme, vous avez avorté votre capacité à exister pour seulement vivre, lassé, sans but, sans ambition, votre âme est en peine et vous supplie de la faire vibrer un peu. Il est fort probable même que vous soyez malade. Peut-être est-il temps d'exister par vous-même et d'avoir vos propres objectifs, de rallumer la flamme, de réveiller votre âme qui s'est endormie, laissant votre corps et votre cœur à la dérive.

Le conseil de l'auteur (en plus de votre travail quotidien) : vous êtes à l'aube d'un grand bonheur, d'une mutation majeure dans votre vie. Cette lame intervient pour annoncer un beau palier d'éveil à conquérir. Je vous invite alors à une harmonisation des chakras et à un soin énergétique pour raviver la flamme de l'âme et ainsi insuffler du tonus à votre corps. N'hésitez pas à travailler votre texte dans un lieu qui fait vibrer votre âme.

27. L'INDULGENCE

« Le ballet du chagrin, cette dernière danse.
Inévitable refrain qui donne du sens...
Le défi du vivant c'est d'abord s'éprouver.
Pour se sentir capable, il faut s'aimer...

L'indulgence ou sinon rien,
le meilleur alors se trouve non loin ;
quelque part entre le jugement
et l'attente sans fin.
Garde à l'esprit tout à fait l'air serein,
qu'il n'y a que ta main, pour ton dessin.

Connaître le chagrin,
c'est reconnaître le problème.
Connaître l'indulgence,
c'est comprendre pourquoi.
Reconnaître le défi,
c'est trouver le moyen.

N'oublie jamais que le ballet lui-même
n'a de sens que dans une mouvance
permanente de l'acte en scène.
N'oublie jamais que le ballet lui-même
est une histoire vibrante au défi du sublime...
dont la fin n'a de sens que de parcourir l'ultime !

*Laisse se jouer le ballet du chagrin,
ce balai, car c'est la voie de ton avenir
qu'il est train de sublimer. »*

L'enseignement vous invite : à comprendre à quel point votre chagrin est une mine d'or, combien il est un outil libérateur à qui comprend l'intérêt de le transcender. Cet enseignement indique qu'il faut danser avec le chagrin plus que de le repousser, sinon vous perdrez du temps, puisque vouloir s'en défaire serait comme vouloir vous défaire de vous-même, ce qui n'est évidemment pas possible. L'enseignement est clair, l'indulgence ou sinon rien, alors ayez de l'indulgence pour vous et pour les autres, comme moyen de supplanter le chagrin. Il est question avec cet enseignement de connaître le sentiment réparateur de l'indulgence, de prendre le chagrin dans ses bras et de danser, de le laisser évoluer sans le bloquer, il va évoluer d'acte en scène avec son lot de surprises, et alors viendra la fin, où le chagrin sera semblable à un balai qui effacera alors lui-même ses propres traces et vous ouvrira la voie d'une suite à gagner.

Il y a fort à parier que lorsque vous piochez cette carte, c'est que vous vous imposez du chagrin comme un châtiment, comme si vous deviez vous punir de quelque chose que vous avez mal ou pas fait. Vous avez le droit à l'erreur, et si votre chemin de vie était de passer par cette source de votre chagrin ? Alors ayez l'indulgence de vous accorder un peu de marge de manœuvre et de couper avec ces schémas saboteurs. Cette lame intervient parfois aussi lorsque des personnes se sont abandonnées pour une autre, si c'est votre cas il est question ici de vous aimer pour vous sentir capable et alors comprendre qu'il n'y a que votre main qui puisse façonner votre avenir, personne d'autre ne le peut. D'autres fois encore, il peut être question avec cette lame d'un chagrin enfoui qu'il est temps de déterrer.

Le conseil de l'auteur (en plus de votre travail quotidien) : peut-être serait-il bon de vous inscrire à une activité de danse ou d'aller voir des ballets, afin de symboliser cet enseignement et le processus de mouvement qu'il engendre en vous. Je vous invite aussi à travailler avec un accompagnant à l'acceptation de votre chagrin.

28. LA FORTERESSE

« Savoir accueillir ce qu'une main nous tend.
Laisser partir ce que la vie nous prend.

Un pétale sur l'eau y flotte toujours, quel que soit le temps, néanmoins lorsque la pierre est jetée, elle rebondit peut-être, mais finit toujours en s'y noyant !

Quand la forteresse devient poreuse et s'effrite, le fort devient fragile, lorsqu'il s'émiette sous l'effet du blizzard, sans défense, tard dans le soir, dans le noir.

Mais face à chaque construction lorsqu'elles sont détruites, l'homme serein, même s'il paraît fragile, peut trouver la force bizarre de demeurer comme la tour d'ivoire. »

L'enseignement vous invite : à conscientiser les murs, les remparts, que vous avez bâtis à une époque où vous vous sentiez sans défense. À prendre conscience de la forteresse que vous vous êtes construite et s'il est venu le temps que celle-ci s'émiette, alors simplement il faut laisser faire, vous êtes beaucoup plus fort que ce que vous croyez. Cet enseignement vous rassure, quand on laisse partir ce que la vie nous prend alors on accueille aussi ce qu'une main nous tend, la vie ce n'est que destruction et construction finalement.

Il y a fort à parier que lorsque vous piochez cette carte, vous êtes prisonnier de votre passé, de tous les mécanismes de défense que vous aviez mis en place, de l'isolement que vous avez créé pour ne plus rien risquer. Toutefois, la période actuelle est pleine d'affronts, et le destin s'acharne à vous remettre en question et essayer de vous fragiliser, les résistances sautent une par une et vous prenez peur. Pas d'inquiétude, laissez partir les pierres d'autrefois, laissez-vous porter comme un pétale sur l'eau, remarquez alors comme vous êtes fort, autant qu'une tour d'ivoire. Voilà ce que vous êtes, une magnifique, forte et luxuriante tour d'ivoire.

Le conseil de l'auteur (en plus de votre travail quotidien) : je vous invite chaque jour où cet enseignement va vous accompagner, et pourquoi pas même après, à visualiser dans votre monde intérieur la construction de la belle tour d'ivoire que vous êtes au fond de vous, un peu comme votre symbole. Ainsi, n'oubliez pas de clôturer votre journée en allant dans votre monde intérieur pour y déposer un pavé d'ivoire. À renouveler jusqu'à ce que votre tour soit construite et, ainsi, chaque fois que vous aurez un doute face à quelque chose, allez faire un tour dans votre monde bien à vous, vous verrez votre construction immortelle d'ivoire et alors vous ne douterez plus.

29. LA RACINE

« À la racine est la sagesse.
Loin du tumulte, de la tristesse.

À la racine est le commencement
de tout ce qui peut croître,
immortel qui fascine est le tronc
même lorsqu'il se fait abattre.
Lui, ce pilier de tous nos tracas jusqu'à nos rêves.
Lui, ce fragment d'être, pour
relier le combat à la trêve.

À la racine est l'épreuve du temps,
qui bonifie, qui mutile, qui rend vivant.
À la racine n'est pas l'histoire des grands vents,
si l'arbre se déracine, c'est qu'il
est venu le moment.

À la racine fut le commencement.
Au commencement fut la racine.
Au commencement, fut le recommencement. »

L'enseignement vous invite : à vous recentrer et à établir un retour aux sources, car il est essentiel, pour définir où l'on va, de savoir d'où l'on vient. L'enseignement vous demande de l'équilibre entre vos tracas, le combat et vos rêves, la trêve, pour cela il vous demande de l'enracinement, de l'ancrage.

Il y a fort à parier que lorsque vous piochez cette carte, c'est que vous manquez d'enracinement et d'alignement. Par ailleurs, cette lame peut indiquer des blocages liés à vos racines, soit à votre famille sur le plan de l'enfance ou sur le plan des lignées. En tous les cas, lorsque vous piochez cette carte il est évident que le temps est venu de commencer quelque chose, voire de recommencer, ne passez pas à côté de cette période fertile lors de votre évolution, il faut travailler sur vous correctement cette fois, être sûr d'être bien ancré et que les blessures soient bien passées, pour tenir le coup d'une renaissance.

Le conseil de l'auteur (en plus de votre travail quotidien) : évidemment, je vous encourage à travailler avec un énergéticien et coach en relaxation sur le thème de l'ancrage, sur votre alignement et votre équilibre. Prenez soin de votre chakra racine et n'hésitez pas à faire un travail en psychogénéalogie afin d'être libéré des limites de vos ancêtres.

30. LE FEU

« Le feu sacré, ce bûcher frémissant,
que le vent du changement attise, par-
delà l'espace, par-delà le temps, au foyer
de nos cœurs réconfort crépitant !

Il apprend la maîtrise au nom de la brûlure,
enseignant passionné, bouquet de flammes ailées.
Il fait fondre, lorsqu'il ne brise,
la glace des coups durs ; flamboyant et
spontané, allié de nos envies inavouées !

La tempérance à celui qui l'entretient,
le désir du contrôle tue le feu, l'éteint !
La sagesse pour cultiver ce trésor, sinon
le feu te consume et l'incendie te dévore.

Est enfin venu le moment de réchauffer les
cœurs, c'est en cela que réside le feu sacré.
Il est en chaque intention de l'humanité.
Réveille la flamme en toi,
pour l'ardeur des jours à venir...
Mais de la leçon souviens-toi,
sans l'amour le feu peut te détruire.

Cultive toujours ce sacré feu, la flamme belle
et de ta présence alimente le foyer de l'amour...
Viendra peut-être ta flamme jumelle ! »

L'enseignement vous invite : à ranimer la flamme, à remettre de la chaleur dans vos relations, à réchauffer votre cœur. L'enseignement demande la prudence, cessez de vouloir tout contrôler sinon le feu se meurt, il faut remettre de l'amour, de la sagesse et du recul dans votre façon de vivre et dans ce qui vous anime pour que la flamme reste belle, ailée, passionnée. Le feu ici s'apparente à ce qui vous anime, à ce qui vous fait vibrer, il faut la bonne intensité, pas trop brûlant mais pas éteint. Le feu est une énergie puissante qui sait nous faire passer de la bienveillance à un incendie de colère, le bon ingrédient est l'amour.

Il y a fort à parier que lorsque vous piochez cette carte, c'est que le feu en vous est à l'état de braises, endormi, ou alors qu'il est beaucoup trop vif et vous ronge. Cette lame vous permettra de remettre un peu de sagesse pour cultiver ce trésor qu'est l'énergie du feu en vous. Peut-être êtes-vous actuellement confronté à des troubles affectifs, du vampirisme énergétique ou, malgré vous, vous avez l'impression de « brûler » (blesser) les autres ? Alors vient le temps de stabiliser le feu en vous, de l'alimenter d'amour, et ainsi vous pourrez briller et rallier à vous des personnes avec la même étincelle de vie dans le regard que vous, et réaliser ensemble de grands projets.

Le conseil de l'auteur (en plus de votre travail quotidien) : bien sûr, je vais vous inviter à travailler le symbole du feu en relaxation guidée avec un coach, mais aussi à réparer ce qui a éteint ou fait exploser votre foyer intérieur afin de pouvoir trouver la bonne intensité. Parallèlement, il serait bien de travailler sur les chakras du cœur et du plexus solaire qui sont, dans un cas ou dans l'autre, sans doute perturbés dans leur fonctionnement.

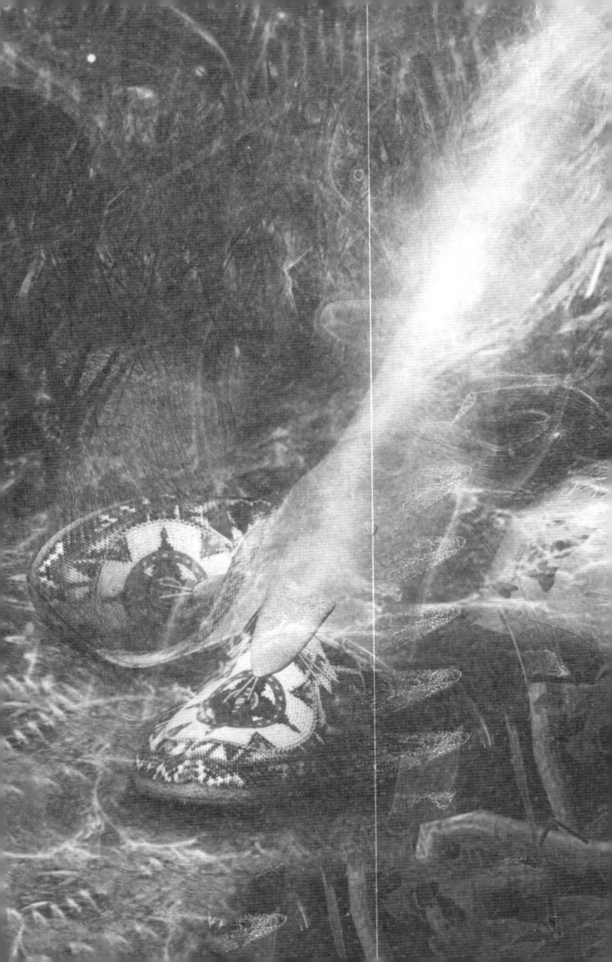

31. LE SOULIER

« Il est nécessaire de savoir marcher,
pour prétendre à avancer !
De l'immobilité au mouvement, il
n'est que question de pas...
La passivité au nom du changement,
paradoxe qui ne le permet pas !

La certitude qui résonne dans l'espace du
confort remue la masse, la fait bouger,
alors que c'est l'incertitude qui actionne
le pouvoir de se sentir léger.
L'une cadre l'esprit à l'étouffer, l'autre
le libère, lui permet, le fait voyager !

L'attente en conscience, plutôt que la
passivité, n'empêche pas l'action, elle est
plus comme un espoir qui motive...
Comme un sentiment que les vents
vont tourner. Comme l'intuition
profonde que la vie va changer !

À nous de rendre constructive cette
attente, le pas vers le constructible.
Puisque pour le mouvement au départ de
l'immobilité, il n'est que question de pas,
chausse-toi de tes plus beaux souliers, et va ! »

L'enseignement vous invite : à prendre conscience de l'importance de l'action dans la démarche d'avancement. La passivité, nous dit l'enseignement, n'est pas une option s'il est question de changement. Peu importe que vous ayez des doutes, puisque c'est par eux que l'on apprend la confiance, à activer l'esprit par le travail sur soi, que l'on apprend le lâcher-prise et donc à être finalement plus léger, prêt à voyager et prêt à apprendre, à évoluer, à changer. Néanmoins, attention aux certitudes, aux choix confortables car ils permettent selon l'enseignement d'animer la masse, soit le corps seul, mais comme quelque chose de lourd qui aurait du mal à prendre quelque hauteur et qui pourrait trouver difficile de se déplacer finalement, ce qui pourrait étouffer l'esprit et alors vous heurter à certains déboires. L'enseignement vous précise qu'attendre peut être un bon choix si vraiment le pas est fébrile, toutefois il est question de veiller à ce que l'attente soit en conscience de ce qui reste à faire et qu'elle soit motrice d'un travail intérieur, qu'elle ne soit pas une excuse mais véritablement une forme de patience du bon timing.

Il y a fort à parier que lorsque vous piochez cette carte, c'est qu'il est temps d'accueillir de nouvelles choses dans votre vie, il faut avancer, parfois même faire l'acte de quitter une situation, voire quelqu'un. Cette lame vous veut acteur et non spectateur.

Le conseil de l'auteur (en plus de votre travail quotidien) : s'il est question d'un choix à faire avant d'oser le grand pas, le grand saut, je vous invite à compléter votre travail avec la lame et l'enseignement 13. Enfin, je vous rappellerai que pour connaître quelque chose de différent il faut alors faire différemment, ainsi je vous propose de vous faire une petite liste de choses faciles à faire mais que vous n'aviez jusqu'alors jamais faite.

Ainsi, vous vous apercevrez que vous pouvez y arriver et vous pourrez commencer à marcher vers votre nouveau « moi ».

32. LE PARTAGE

« Il n'y a pas d'éveil spirituel sans intégration de la notion de partage.
L'expérience spirituelle
n'a de sens que dans et par le partage,
le partage premièrement de l'expérience
elle-même, et deuxièmement le partage
de la transformation qu'il opère en nous.

À quoi bon avoir des yeux pour voir, des oreilles
pour entendre, un système vocal pour parler ?
Si ce n'est pour partager...
À quoi bon avoir une mémoire pour se
rappeler, des mains pour distribuer,
des jambes pour aller rencontrer ?
Si ce n'est pour partager...

Le partage est la base de tout, si ce n'est même
sans doute ce qui donne sens à l'existence !
Le partage, une loi naturelle, comme le soleil
brille pour partager sa lumière avec la lune, afin
qu'elle aussi nous la partage, nous la diffuse à
la nuit tombée comme pour éclairer nos doutes.

Le partage est une chaîne sans
chaîne, qui s'enchaîne,
en sortir reviendrait à échouer à
l'épreuve de l'incarnation.

Les phases d'éveil s'intègrent à
nous comme un bagage,
que l'on ne peut pas laisser sans
abandonner le voyage.

Le chemin spirituel est un beau
voyage, riche en apprentissages
et quel en serait le sens d'ailleurs
sinon le maître mot, partage ! »

L'enseignement vous invite : à partager vos connaissances, votre nature, vos apprentissages.

Il y a fort à parier que lorsque vous piochez cette carte, vous sortez d'une longue période d'introspection. Cette lame vous rassure aujourd'hui et vous invite à vous ouvrir à l'extérieur. N'ayez plus peur de vous ouvrir au monde, vous y avez trouvé votre place, ce dernier enfin vous attend. Cette carte intervient lors d'un stade d'éveil important, ne loupez pas le coche, elle est à l'origine de merveilleux moments, projets ou encore de merveilleuses relations ou collaborations.

Le conseil de l'auteur (en plus de votre travail quotidien) : peut-être aujourd'hui pouvez-vous user de vos atouts, de vos expériences, en créant un groupe, en vous incluant dans un projet humain ou en œuvrant dans une association.

33. LA PLUIE

« Comme une comète dans l'œil de l'univers,
la douleur se dilue, les larmes viennent...
Comme une envie de voir le monde à l'envers,
lorsque l'on se noie sous les pensées diluviennes.

La pluie, ce n'est pas seulement le
toit du monde qui pleure,
mais ce peut être aussi le sentiment
que les cieux nous effleurent.

Le ciel impertinent se déchire
et les nuages fondent,
la pluie dans un immense soupir
alors nous inonde.

On peut vouloir s'y noyer si l'on
désire garder les pieds sur terre,
ou simplement se laisser flotter puisque
toutes les eaux vont à la mer(ère).

Parfois fine et agaçante,
elle est la source de la vie,
la pluie est nettoyante,
pour que la lumière nous sourie.
Sinon épatante quand lui succède le soleil,
fascinante et scintillante quand
elle diffracte en arc-en-ciel.

Toutes les civilisations, au travers des âges, ont appris à chanter la vie... Alors je te propose maintenant de danser sous la pluie ! »

L'enseignement vous invite : à travailler sur vos émotions les plus enfouies. La pluie ici est synonyme de larmes, il est donc évident qu'il est essentiel de travailler sur ce qui les fait couler ou sur celles que vous retenez. Par ailleurs, l'enseignement invite aussi à danser sous la pluie comme on chante la vie, soit à transformer vos émotions en quelque chose de plus positif. Le message vous pousse à comprendre que pleurer peut être un moyen de vous libérer pour ensuite faire de votre émotion une force créative vers de plus beaux jours, tout comme une goutte d'eau sait faire la magie de créer l'arc-en-ciel.

Il y a fort à parier que lorsque vous piochez cette carte, c'est que soit vous avez trop pleuré alors vient le temps de danser, soit vous bloquez vos larmes et il est temps alors de les laisser couler. Dans un cas comme dans l'autre, cette lame indique que le soleil est tout près, la lumière est en train d'arriver, c'est pour cela qu'il faut s'assurer d'être en capacité de pouvoir l'accueillir pleinement et donc, pour s'en remplir, d'être vidé de ce qui n'est plus utile.

Le conseil de l'auteur (en plus de votre travail quotidien) : à ce stade, il pourrait être enrichissant de commencer par une psychothérapie comme moyen premier de relâcher les tensions liées à l'ego. Le reste bien sûr coulera tout seul et s'enchaînera parfaitement jusqu'à la venue du soleil. Le jour où j'ai canalisé cet enseignement, j'ai décidé d'effectuer une marche sous une pluie abondante, cela a été dur mais je suis allé jusqu'au bout. Le soir en rentrant, j'ai pris mes notes et j'ai posé quelque chose de très personnel sur le papier, je me sentais libéré et je ne sais pas comment vous dire mais j'avais l'impression d'être déjà métamorphosé en quelque chose. Je vous le conseille donc aussi.

34. LA MAGIE

« Ressens comme les choses
s'organisent autour de toi,
prends conscience de la complexité de ta vie...

La lumière ne se fait pas sans que tu y croies,
frotte la lampe et donne naissance
au mystère, ce génie !

L'œil est aveugle face à la magie,
lorsque le cœur lui-même est désenchanté !
L'enchantement est un charme qui guérit,
tous les maux d'une vie désabusée.

La destinée peut être une sombre
aventure parfois,
qui se révèle lumineuse et au ciel étoilé,
à celui qui sait trouver la foi
pour avancer les yeux fermés !

Ainsi, ressens à quel point les choses s'organisent
pour toi ! Prends confiance en une autre réalité,
celle du génie qui laisse faire la magie...

La destinée, oui,
peut être une sombre aventure parfois,
mais l'enchantement la rend moins pire, tu sais,
celui qui guérit si tu le laisses bercer ta vie ! »

L'enseignement vous invite : à la magie, à vous laisser surprendre, à voir le monde un peu comme un enfant, à davantage de mystère. Cet enseignement indique qu'il faut trouver la foi (en soi ?), avoir confiance en ce qui se prévoit pour nous, et avoir le génie finalement de laisser faire les choses.

Il y a fort à parier que lorsque vous piochez cette carte, vous êtes déjà dans un alignement certain, néanmoins, vous réfléchissez un peu trop, ce qui peut vous empêcher la perception des signes ou une forme d'intuition. Lâchez prise cette fois, contrairement à d'autres cartes, cette lame vient vous demander de laisser faire, d'attendre tout en regardant le monde œuvrer à votre réalisation. Le seul travail pourrait être de cultiver le lâcher-prise et de réenchanter le cœur.

Le conseil de l'auteur (en plus de votre travail quotidien) : vous prévoir un voyage, un week-end ou au moins une journée ailleurs que chez vous pourrait être un bon conseil, cela permet le lâcher-prise et, qui sait, la magie pourrait bien opérer durant ce déplacement. Si vous avez un signe à demander, c'est le moment, il pourrait s'incarner même instantanément.

35. L'INDÉPENDANCE

« Échanger et partager un moment de silence,
avec soi ou avec quelqu'un, assis là, au pied
d'un arbre ou blotti dans un somptueux recoin,
intimement intimidé par la sagesse du moment,
puis confortablement existant, quand
l'ouverture du cœur devient le firmament,
pourquoi pas enlacé au creux de moi, ou bien
confortablement installé près de toi...

Se laisser bercer par les louanges de la lune,
ou se tamiser l'esprit à la lumière des bougies...

En cela peut résider plus bel acte d'amour...

Je me dois de le vivre pour moi,
pour peut-être le partager avec toi...

Bienvenue à cet amour naissant,
appelé désintéressé ou inconditionnel ! »

L'enseignement vous invite : à travailler l'amour inconditionnel, à travailler la relation à soi dans le cadre de la relation à l'autre. Cet enseignement est comme une prière, il invite à l'intimité, à être seul ou à être deux, il invite au « un » pour le « deux ». Ce texte prône l'indépendance affective, l'autonomie émotionnelle, pour et par l'acte de partage et non l'acte de donner pour recevoir, il est question uniquement de partager la richesse d'un moment, peu importe ce que l'autre en fait.

Il y a fort à parier que lorsque vous piochez cette carte, c'est que vous sortez de relations un peu étouffantes, il faut alors prendre soin de vous et oser l'expérience d'aimer inconditionnellement sans forcément attendre en retour, ne pas avoir d'attente est essentiel pour ne pas être déçu, et l'indépendance c'est aussi partager ce qu'il y a de meilleur en nous sans tenir compte des attentes de l'autre, qui pourrait nous pousser à ne pas nous montrer tel que l'on est.

Cette lame vous demande de trouver la douceur en vous, l'amour en vous, ce qui rend le bonheur d'être soi, et c'est cela qui sera l'apogée que vous aurez à partager. Il peut être question d'une relation établie ou d'une relation à construire, dans tous les cas vous avez des points sur lesquels travailler, alors ne fuyez pas, juste apprenez à aimer sans lien d'attachement qui rend dépendant.

Le conseil de l'auteur (en plus de votre travail quotidien) : seul ou accompagné, essayez de vous octroyer un moment intime, coupé de toute distraction, comme déconnecté du monde, comme une nuit (ou deux) dans un logement insolite, par exemple.

Sans divertissement pour le corps, c'est l'esprit qui s'éveille et qui, alors, nous permet d'ouvrir le cœur à son firmament. Relevez ce défi et vous vous sublimerez au-delà de toute espérance, la route après ne sera que merveilles et cadeaux, car l'indépendance est un stade d'évolution capital pour appréhender l'amour, le vrai, celui qui détient la vérité.

REMERCIEMENTS

Je tiens tout particulièrement à remercier ceux qui ont contribué à m'éclairer sur mon Chemin de l'Éveil, collaborant à mon projet en œuvrant à me permettre une foi inébranlable en ce rêve naissant.

Ainsi je souhaite remercier ma famille qui a toujours su me soutenir. La famille reste pour moi un concept étrange que j'ai appris à aimer grâce à l'amour inconditionnel qui m'y est porté. Comme un pilier fort et solide de ma vie, je remercie ma maman, Isabelle. Comme un miroir fragile et délicat, je remercie ma sœur, Alexia. Comme un hymne à l'amour par-delà le sang, je remercie ma mamie Claureine. Comme une lumière toujours pleine d'espoir, je remercie ma belle-mère, Christelle, qui est la maman hors pair de ma petite puce Manon. Comme le mystère des relations parmi les plus belles et qui n'ont aucun sens, justement car elles n'ont aucun sens, je remercie Mélissa, Peter et leur jolie famille (dont je fus couronné en tant que tonton et parrain pour mon plus grand bonheur).

Aussi je souhaite remercier mes ami(e)s qui ont parfois cru en moi avant moi.

Merci à : Paul S. pour sa présence dans ma vie depuis les premiers âges, Caroline L., Valérie V., tu as toujours cru en moi, plus que moi ! Nadine, une femme de cœur, et son mari, Nicolas, Laurence alias louloute, Florence G., ton soutien et ton amour depuis mes premiers écrits demeurent sans faille. Enfin, merci à une amie lithothérapeute précieuse et à ma collaboratrice événementielle, Florence T.

Également je remercie tout tendrement ma compagne, Coline, qui rend chaque jour le rêve encore plus grand et qui croit en moi d'une façon que même la foi elle-même jalouserait. Merci ma chérie pour le bonheur, ton amour des plus purs et pour ta présence inconditionnelle dans ma vie.

Par ailleurs je tiens à remercier Liane Foly (une tatie spirituelle et de cœur) pour toutes les merveilleuses synchronicités qu'elle m'a permises sans parfois même en avoir connaissance, mais qui ont ancré des certitudes en mon être, qui collaborent aussi chaque jour à faire de ma vie un rêve, le rêve d'une vie. Tu es pour moi, Liane, l'unique modèle m'ayant permis d'oser. Merci de tout cœur !

J'adresse aussi un remerciement particulier à Cameron Gray, illustrateur des cartes, pour sa confiance et sa générosité. Merci pour ton talent, Cameron, tu as un jour fait briller mon regard d'enfant et tu continues chaque jour depuis, soit en éclairant de tes œuvres fascinantes mes projets de vie, soit en illustrant mes rêves.

Un remerciement tout doux à mon éditrice, Cathy Selena, et à la maison d'édition Exergue pour leur confiance et leur accompagnement merveilleux. Cathy restera l'incarnation de la douceur, son énergie m'a porté et sa confiance parfois rassuré, surtout la rencontrer a changé ma vie, c'était écrit, c'est certain. Cathy, je te souhaite personnellement tout l'accomplissement personnel que tu mérites et de prendre toujours grand soin de ton âme, qui est de celles qui illuminent l'univers !

Mes remerciements tendres également à Suzon B. pour votre écoute, vos propositions toujours bienveillantes et pour votre belle connexion avec mon travail ainsi que nos échanges hauts en lumière. Merci à Margaux S. pour sa sensibilité graphique et son talent. Merci à Josiane R. & Pascal B. pour avoir lu mes pavés en si peu de temps, je salue votre courage (rires). Merci également à Caroline R. qui supervise avec qualité et sérieux l'envoi en correction et les premières épreuves. Laissez-moi vous dire quelle équipe merveilleuse (avec Cathy) a entouré ce projet, autant de belles consciences qui ont contribué à faire du rêve une réalité ! L'on m'a dit un jour que vous étiez les « travailleurs de l'ombre », je me devais de vous rappeler à quel point vous êtes importants pour nous les auteurs, car c'est chacun de vous qui contribuez à mettre nos aspirations les plus profondes en lumière ! Vous resterez, pour moi, au-delà de tout, une convergence de rencontres ayant contribué à me faire le plus cadeau, celui de la fluidité, qui nous fait la grâce d'un chemin tout tracé.

Merci à Claire Brandalise, graphiste designer de chez moi en Gironde, qui a été la première professionnelle à me soutenir dans mon projet et qui a accepté de m'accompagner avec son savoir-faire et sa profonde douceur. Merci Claire, car, sans toi, pas de maquette à envoyer aux éditions Guy Trédaniel et donc pas d'édition ! Vous pouvez la retrouver sur son site : www.clairebrandalise.com. Je te souhaite de te développer à n'en plus finir et t'envoie de belles pensées.

Vient le moment de remercier la personne qui m'a mis sur les Chemins de l'Éveil. Je remercie mon père, Francis C., et rends hommage à sa mémoire. Il est un homme qui m'a tant marqué, un homme à l'âme parfois meurtrie mais qui a toujours su faire le choix de la vie et qui, j'en suis sûr, le fait encore après la vie. Il a fait de son mieux, de ses possibles, et en cela il a réussi. Ce coffret, on le lui doit pour tout un tas de raisons, à commencer par cette toute nouvelle énergie qu'il m'a adressée depuis l'autre côté à l'aube de mon premier écrit. Papa, après t'avoir longtemps rejeté, voilà que je te remercie…

La boucle est bouclée.

Enfin et surtout, merci à vous, mes chers lecteurs, qui êtes les précieux détenteurs des cartes *Les Chemins de l'Éveil*. Lorsque vous avez posé pour la première fois vos mains sur ce coffret, vous avez fait le choix inconscient de vous aider, alors, pour vous remercier à la hauteur de votre confiance et de votre amour, je vous offre le cadeau merveilleux qu'est une invitation à vous remercier profondément, puis à remercier l'univers qui vous a conduits au travers d'un bout de moi vers vous !

Merci à toi + merci à moi + merci à l'univers =
gratitude !

Je vous envoie tout plein de gratitude et surtout beaucoup de lumière et d'amour, sachez que j'aurai tout le plaisir à vous retrouver sinon rencontrer sur *Les Chemins de l'Éveil*.

Merci pour vos cœurs, merci pour vos âmes !

CONTACTS

Dans cette rubrique, je vous livre quelques-unes de mes recommandations personnelles, je ne tiens ici qu'un répertoire de rencontres humaines qui ont retenu mon attention au hasard d'une entrevue ou d'une consultation. Les personnalités que je vous présente ici me sont apparues comme professionnelles, généreuses, aux valeurs morales et à l'éthique certaines (qui pour moi sont des bases fondamentales), ainsi qu'avec des connaissances approfondies quant à leur discipline, ayant fait le choix de se spécialiser plutôt que de tout faire et donc de proposer n'importe quoi ! Évidemment, je ne saurais avoir une quelconque responsabilité quant aux échanges que vous entretiendrez avec ces personnes, néanmoins je suis fier de les avoir rencontrées et de les croiser dans ma vie.

Chers lecteurs et lectrices, j'inaugure cette rubrique en vous proposant mes coordonnées puisque j'aurai évidemment tout le bonheur de vous lire, que ce soit pour vos retours ou vos demandes d'informations, voire encore vos demandes de rendez-vous pour les consultations que je dispense à distance avec les cartes *Les Chemins de l'Éveil.*

Vous pourrez me retrouver sur Facebook :
Les Chemins de l'Éveil
qui est ma page professionnelle.
(ou @LCEofficiel sur votre moteur
de recherche)
Et sur : Dylan - Les Chemins de l'Éveil
qui est ma page auteur et dédiée
à l'actualité du coffret
(ou @lescheminsdeleveilofficiel
sur votre moteur de recherche)
Également sur mon site www.lceofficiel.com
Ou par mail à : lceofficiel33@gmail.com

Bien évidemment, j'aimerais par-dessus tout vous inviter à consulter le site de Cameron Gray, auteur et illustrateur des merveilleuses cartes *Les Chemins de l'Éveil*. Vous y retrouverez son travail et pourrez lui envoyer un petit mot pour l'en féliciter, je suis certain que cela le touchera autant que moi. Vous pourrez à votre tour, qui sait, le contacter pour être illustrateur de vos projets les plus fous ou plus simplement y commander des reproductions, toutes uniques en leur genre.

Pour en savoir plus sur cet artiste hors du

commun, rendez-vous sur parablevisions.com.

À présent vient le temps de vous recommander les consœurs et confrères dont je vous parlais plus tôt.

Pour le corps :

Je tiens tout personnellement à vous parler de Thierry Romet ! Il est un accompagnant de talent et de « savoir-faire » concernant les maux (mots) du corps pour ne pas dire des corps ! Ses spécialités ? Le massage et l'acupression soit, le Amma Assis. J'aime sa douceur, sa sensibilité, son humanisme, sa patience, sa connaissance, son écoute, sa gentillesse…

Si vous passez par la Gironde alors je vous le recommande les yeux fermés !

Vous le retrouverez sur son site :
www.instant-amma.com
et sur facebook : Instant'Amma

Aussi, laissez-moi vous parler de Julie Havel, une somatothérapeute comme il y en a peu. Douée de connaissances, d'une intuition à toute épreuve, simple humble et terriblement efficace.

Avec elle le corps n'a pas de secret ni donc l'Esprit ! Elle sait l'altruisme, connaît la gratitude, elle est d'une gentillesse et d'une humilité ravissantes. En plus, elle utilise déjà le coffret *Les Chemins de l'Éveil* et je dois dire qu'il lui va à ravir ! Vous pouvez la contacter via son site directement :

https://julie-bienetre33.jimdofree.com
et sur facebook : Julie bien-être 33

Pour travailler sur soi en conscience (thérapeutes alternatifs) :

Sophie Robinot est pour moi l'incarnation de la douceur et de la gentillesse. Elle est équithérapeute en Gironde, exacte-ment à Marsas, et accompagne tant les enfants que les adultes, et je dois dire, pour avoir inclus le travail de Sophie à mes accompagnements individuels, que les résultats sur l'aspect émotionnel sont étonnants mais finalement, pour tous les amoureux des animaux, pas si étonnants que ça… Pour la retrouver, c'est par ici par mail à : equitemotion@gmail.com ou sur Facebook : Equit'Emotion (@equitemotion33).

Il est important de vous préciser que les personnes que je liste ici sont des personnes qui ont toute ma confiance gagnée et croyez-moi, je suis plutôt difficile à séduire, néanmoins la confiance apportée n'engage que moi. Séduit, disais-je ? Oui, c'est cela, Mireille et ses Fleurs de Bach m'ont enchanté, en effet. Mireille est une thérapeute à la nature empathique mais douée d'exigence. Elle ne sait se contenter d'un conseil à l'aveuglette, y préférant l'importance des mots et de l'écoute afin de vous accueillir plus intensément, d'être au plus proche de vous, et vous proposer le mélange de fleurs adéquat à votre problématique, en fonction surtout de votre histoire ! J'ai redécouvert les Fleurs de Bach avec Mireille, qui en est une spécialiste dont les résultats sont toujours fascinants, surtout, j'ai appris l'immense importance du conseiller derrière elles, pour que les Élixirs puissent avoir le moindre effet.

Pour la retrouver, c'est par ici, sur son site : fleursdebach.mireille.liborel.over-blog.com, ou par mail à mi-reille.liborel@yahoo.fr.

Et enfin je souhaiterais attirer votre attention vers une consœur que j'affectionne tout tendrement puisqu'elle a dédié sa vie à l'écriture. Elle même autrice, elle a conceptualisé des accompagnements tout à fait précis au travers de différents exercices d'écriture, tous plus extraordinaires les uns que les autres ! J'aime l'écriture, je vous la conseille également souvent, et Marie Pierre Mouneyres, elle, vous la permet et vous guide au rythme de votre plume ! D'ailleurs elle propose même des ateliers pour vous permettre de raconter votre propre histoire, de vous témoigner vous-même sur le papier. Elle comme moi croyons à l'écriture libératrice et thérapeutique !

Retrouvez-la sur son site :
www.mouneyres.net.

Pour travailler énergétiquement, directement sur l'âme !

À Florence d'être présentée maintenant, qui tient la page Facebook : Flo'w d'Energie (@flowdenergie).

Elle est également une amie et une collaboratrice avec qui je coorganise des salons du mieux-être en Gironde. Je souhaitais vous laisser son contact car, au-delà de tout, elle est pour moi une lithothérapeute hors pair, en prime elle commercialise des pierres mer-veilleuses et des bijoux à des prix encore plus merveilleux, car dans son grand cœur mon amie Florence souhaite rendre le pouvoir des pierres accessible à tous les budgets ! Elle connaît bien les pierres et leur symbolique, tout comme leurs légendes. Florence s'est par ailleurs spécialisée dans l'harmonisation et l'équilibrage énergétique des chakras, et je dois dire que… ça dépote ! Vous pouvez la contacter également par mail à : flowdenergie@hotmail.com.

Les Créateurs et Artistes sur *Les Chemins de l'Éveil* :

Je vous présente avec tout mon cœur et tout mon amour un artiste peintre qui compose des toiles plus connectées, mer-veilleuses et magiques, les unes que les autres. Je n'ai pas de mots pour parler de cet homme et de sa charmante famille, sinon que de le côtoyer dans son univers, ou même parfois d'écrire pour lui sur ses créations, est un bonheur infini, qui me fait rêver et qui est pour moi une chance. Claude, merci pour ta confiance. Merci pour ton talent. Merci pour ta sensibilité.

Je vous invite vivement à vous éveiller dans la découverte de son univers et de ses tableaux somptueux en cliquant sur son site : cmcreapeinture.wixsite.com/monsite, ou sur sa page Facebook : Claude Maguet – création peinture (@cmcreapeinture).

Également je tiens à vous présenter Geneviève Darriet, qui est une amie et dont le travail devrait être connu de toutes et tous. Geneviève est perlière d'art et crée des bijoux en verre soufflé de Murano, qu'elle souffle et qu'elle intentionne en toute sensibilité et en toute intuition. Chaque création est sur-mesure, parfaitement adaptée à votre histoire, à votre énergie. Évidemment, ce n'est pas tout, Geneviève, cette femme au sourire inépuisable et haute en couleur, ne se con-tente pas de réaliser une commande mais va au-delà. Lors de votre échange autour de la création, elle s'intéresse à votre histoire et se laisse aller à quelques sagesses dont votre création sera le symbole. Votre bijou (tant pour homme que pour femme) maintenant prêt, il vous accompagnera lui aussi sur Les Chemins de l'Éveil. Retrouvez-la sur son site : gdarrietbi-jouxlumiere.fr, ou sur Facebook : Gen's créations, ou encore par mail à l'adresse : genevievedarriet@orange.fr. Et qui sait, si vous lui dites de ma part : « *Te quiero*, ma Guenièvre », peut-être qu'elle vous fera un petit geste !

Enfin laissez-moi vous parler de Pierre Amadu, producteur de vraies œuvres d'art.

Des instruments dédiés à la musique méditative, ayant une sonorité unique... Façonnés et peints à la main par cet artiste, je recommande personnellement son travail. En plus ils sont très abordables, vous ne serez pas déçus, moi j'ai le mien vous l'imaginez bien, personnalisé avec une gamme orientale et une illustration du Petit Prince ! Retrouvez-le sur sa page Facebook : Anubion tonguedrums, et faîtes-lui un bisou de ma part !

Notes

Notes

Notes

Notes

Notes

Notes

Notes

29

La racine

Les Chemins de L'Éveil

32

Le partage

Les Chemins de L'Éveil

6

Pégase

Les Chemins de L'Éveil

21

L'éternité

Les Chemins de L'Éveil

II

Le désir

Les Chemins de L'Éveil

17
Carpe diem

Les Chemins de L'Éveil

23

Le bonheur

Les Chemins de L'Éveil

IO
L'endroit

Les Chemins de L'Éveil

28

La forteresse

Les Chemins de L'Éveil

35
L'indépendance

Les Chemins de L'Éveil

4
La résilience

Les Chemins de L'Éveil

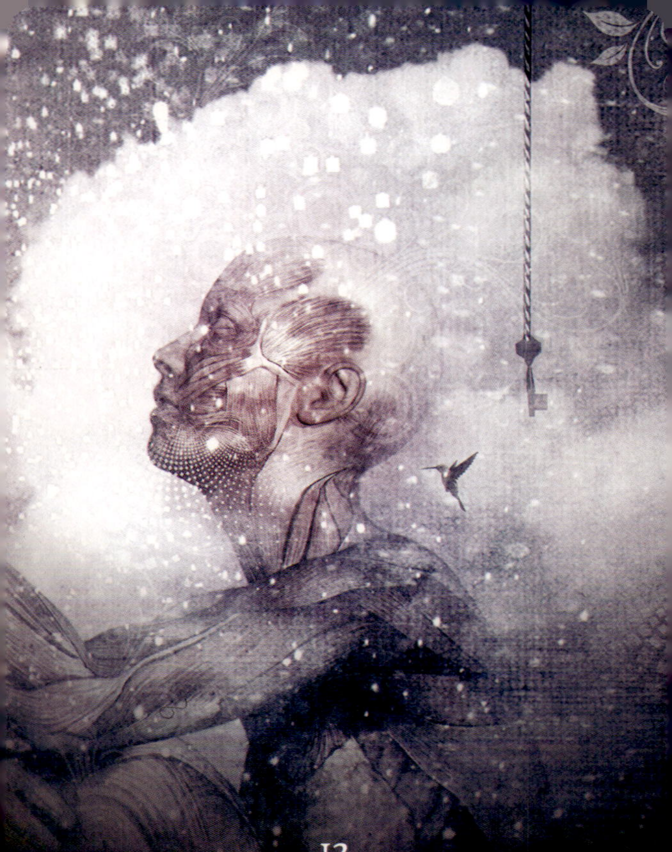

12

La clef

Les Chemins de L'Éveil

3

L'espoir

Les Chemins de L'Éveil

9
L'éveil

Les Chemins de L'Éveil

14

La confiance

Les Chemins
de L'Éveil

15

Mea-culpa

Les Chemins de L'Éveil

20

Le masque

Les Chemins de L'Éveil

30

Le feu

Les Chemins de L'Éveil

24

Le regard

Les Chemins de L'Éveil

2

Le cœur

Les Chemins de L'Éveil

27

L’indulgence

Les Chemins de L'Éveil

梦
I
Le rêve

Les Chemins de L'Éveil

8

L’accord

Les Chemins de L'Éveil

34
La magie

Les Chemins de L'Éveil

25

Le titan

Les Chemins de L'Éveil

13

Le choix

Les Chemins de L'Éveil

18
Le besoin

Les Chemins de L'Éveil

19

L'amour

Les Chemins de L'Éveil

5

La traversée

Les Chemins de L'Éveil

7

La dualité

Les Chemins de L'Éveil

16

La rencontre

Les Chemins de L'Éveil

33
La pluie

Les Chemins de L'Éveil

31

Le soulier

Les Chemins de L'Éveil 1